PROGRAMACIÓN DE JUEGOS

GUÍA COMPLETA PARA PRINCIPIANTES PARA APRENDER LA PROGRAMACIÓN EN JUEGOS DE LA A A LA Z

ROBERT C. MATTHEWS

Tabla de Contenido

Introducción

El mundo de la programación de juegos es vasto y atractivo. Para muchos de nosotros, el deseo de programar juegos proviene de la primera vez que jugamos uno. Para otros, se trata de los desafíos del desarrollo y la resolución de acertijos que surgen.

Independientemente de por qué quiera ir al campo, la programación de juegos tiene algo reservado para usted. Si eres una persona creativa, disfrutarás pensando en las intrincadas mecánicas que puedes poner en tu juego. Si eres más un solucionador de problemas, entonces disfrutarás arreglando errores y problemas durante la codificación. Por otro lado, si está orientado a los detalles, disfrutará de los aspectos de equilibrio para asegurarse de que su juego no sea demasiado fácil ni demasiado difícil.

Mucha gente se mete en la programación de juegos pensando que será muy fácil y que todo lo que necesitan hacer es pensar en cómo deberían funcionar las cosas y listo. Ese es el trabajo de un diseñador de juegos (aunque eso tampoco es todo lo que hacen). La programación de juegos significa conocer el juego por dentro y por fuera.

Si espera un trabajo fácil, no lo encontrará en la programación del juego. Sin embargo, si estás fascinado por el funcionamiento interno de los videojuegos y estás dispuesto a dedicar tiempo para dominarlo, entonces estás viendo uno de los campos más fascinantes que existen.

En este libro, repasaremos las expectativas de este trabajo y le ayudaremos a familiarizarse con las partes básicas de la programación de juegos.

Capítulo Uno

Establezca sus expectativas

La programación de juegos es muy diferente de cualquier otro tipo de programación. Algunas de sus partes buenas provienen de los desafíos de vanguardia que puede enfrentar, así como de la satisfacción de ver su nombre en la pantalla de crédito. Además, ¡a todos les encantan los juegos! Ve a cualquier tienda de juegos y tanto los clientes como el personal estarán encantados de verte.

Si eliges trabajar para una gran empresa, también podrás trabajar con algunos de los mejores kits de desarrollo de juegos de empresas como Valve y Unity. Estas empresas fabrican una gran cantidad de herramientas que pueden ayudarte a llevar tu juego de cero a una experiencia agradable.

La parte desafortunada de la programación de juegos es que a veces puede ser un trabajo realmente difícil. Se enfrentará a problemas de gestión, cambios de hardware y del sistema operativo, así como la mejor forma de garantizar que sus usuarios experimenten el concepto abstracto de "diversión" de forma coherente.

En este capítulo, intentaré establecer sus expectativas sobre la programación de juegos. Después, sabrá si realmente quiere convertirse en programador de juegos como carrera.

La parte buena

Los trabajos dentro de la industria del juego están cambiando rápidamente y el campo en sí está en constante evolución. Por ejemplo, cuando estaba comenzando con la programación de juegos, el lenguaje dominante para usar era ensamblaje. Hoy en día, sería difícil encontrar un juego moderno escrito en él.

No existía nada parecido a ser simplemente un programador de juegos en los primeros días de la industria del juego. Hiciste todo, desde el código hasta el arte y los elementos de diseño del juego.

Hoy en día, ves grandes empresas que segmentan la posición en áreas muy específicas, por ejemplo, es posible que estés especializado en la programación de física de juegos o bases de datos.

Cuando empecé como programador de juegos, usaban corbatas, y sería difícil encontrar una diferencia entre ellos y una oficina normal.

Hoy en día, llevar corbata a una entrevista como programador de juegos ya no es la norma. Incluso he visto a gente aparecer con camiseta y chanclas. Dicho esto, la industria es aún más despiadada que en ese entonces. Con el boom que han alcanzado los juegos, la diferencia entre un programador mediocre y un buen programador de juegos se ha vuelto enorme.

La industria también es bastante reservada, lo que a veces puede ser bastante divertido. Tendrá la oportunidad de experimentar juegos nuevos años antes de que los clientes los tengan en sus manos. Aunque debe esperar que la mayoría de los editores de renombre le pidan que firme un NDA para que sus secretos no se filtren accidentalmente al exterior.

La mejor parte de trabajar en juegos, al menos para mí, es que están tan cerca del arte como de la ciencia. Mientras escribía este libro, pensé mucho en por qué encuentro esta línea de trabajo tan satisfactoria a pesar de toda la presión. Al final, simplemente me encantó lo bien que los juegos combinan el arte y las matemáticas.

Esto se puede ejemplificar mejor en cosas como el movimiento de los personajes. Como usuario final, notará que el movimiento se siente "apagado". Pero como programador de juegos, mi trabajo consistía en averiguar exactamente por qué se sentía así y solucionarlo.

El arte proviene de comprender cómo se ve el movimiento humano natural, y las matemáticas entraron cuando necesitaba ponerlas en el juego. Obliga al lado izquierdo y derecho de su cerebro a trabajar juntos, y cuando lo hacen, es realmente un espectáculo para la vista.

A veces, el enfoque científicamente más sensato ni siquiera es el correcto. A veces tienes que modificarlo un poco para mostrar las imperfecciones innatas que se encuentran en el movimiento humano, al igual que un artista cambiaría la expresión facial de un retrato.

También es muy divertido trabajar junto con los diseñadores y llevar las discusiones hacia y desde el comedor. Steve, en serio, hemos hablado de esto. Los personajes maestros zombis procedían del planeta B831; no son experimentos que se originen en la Tierra, ¡ese fue el lanzamiento de la semana pasada! "

Personalmente, también me divierto mucho simplemente codificando. Especialmente cuando va bien, ya que soy una de esas personas que se toman los errores como un insulto personal del motor del juego. Cuando comiences a adentrarte en nuevas tecnologías, como nuevas consolas y demás, te divertirás mucho ... y muchas veces desearías que nos hubiéramos aferrado a la simplicidad de NES.

En ocasiones, encontrará diversión en la optimización. Tal vez resolverá el rompecabezas sobre cómo implementar un algoritmo de manera que su juego ahora se ejecute a 60FPS, una velocidad de fotogramas aceptable, en lugar de parecer una presentación de PowerPoint.

También es muy divertido cada vez que comienzo un nuevo proyecto. Cuando tengo que permitir que todo en mis bibliotecas se actualice y se reescriba. Aunque siendo justo, dado que el desarrollo de juegos es conocido por los plazos estrictos, a veces tendrás que lidiar con algunos objetos hechos a toda prisa y demás.

Aunque si tuviera que elegir algo que más me guste de la programación de juegos, sería la libertad que aporta. Ningún otro tipo de programación te da tanta libertad como la programación de juegos, en parte porque se mueve tan rápido.

Los jugadores son una alegría

Una de las mejores cosas de ser un desarrollador de juegos es la gente que juega a tu juego. Trabajando en la industria de los juegos, debe estar preparado para que la gente lo bombardee con preguntas que van desde "¿de qué se trata su juego?" (deberías saber esto) a "¿cuándo saldrá?" (probablemente no sepa esto).

Si está trabajando con una empresa de renombre, existe una gran posibilidad de que no pueda responder a ninguna de estas preguntas legalmente. Si estás trabajando en el próximo juego de Pokémon de Nintendo, será mejor que apuestes a que no te dejarán decirle a nadie cuál será el próximo juego de principiantes.

Por otro lado, cuando te encuentras con personas que disfrutaron de un juego que has creado, es increíble hablar con ellas. Siempre es una buena sensación cuando los fanáticos hablan sobre un juego que estás desarrollando, o cuando ya están hablando de la secuela incluso antes de que regreses de las vacaciones.

Ver sitios web, subreddits, foros y páginas Wiki de un juego que ayudaste a crear es una sensación muy gratificante.

Otro beneficio de ser un programador de juegos es interactuar con personas que aspiran a ser tú. Siempre disfruto hablar con futuros programadores de juegos que tienen el talento y la voluntad de trabajar, como tú, ¡ya que estás leyendo un libro completo al respecto!

Dicho esto, en estos días hay mucho más desarrollo de juegos fuera de los estudios de renombre. Los juegos independientes son cada vez más populares, y algunos de los más vendidos de Steam son títulos independientes, como The Binding of Isaac y Darkest Dungeon.

Otro beneficio engañoso de ser un programador de juegos que debes tener en cuenta es que finalmente puedes decirles a tus padres que jugar todos esos juegos hizo algo bueno en tu vida.

Hacer demostraciones, no currículums

El mundo de la programación de juegos es uno de práctica. Lo contratan en función de lo que puede hacer, en lugar de lo que dice que puede hacer. Un juego de demostración de alta calidad es un mejor lanzamiento que un currículum completo; incluso puede ser mejor que un título.

Por ejemplo, el mejor programador de juegos con el que he trabajado empezó como aficionado. Pero el hombre tenía dedicación a raudales. Para cuando supe qué eran los Z-sprites, ya había reescrito Ultima VII para apoyarlos. Digamos que lo contrataron muy rápido.

En lugar de simplemente trabajar en trabajos de programación sencillos y aburridos hasta que acumule un currículum impresionante, trabaje en un proyecto apasionante. No tiene por qué ser mucho; no tiene que tener los gráficos más avanzados o incluso ser tan bueno como un juego. Lo que los clientes quieren ver es que puedes crear juegos, no que simplemente puedas codificar.

Los compañeros de trabajo

Tus compañeros de trabajo son personas que realmente te deberían gustar. Dicho esto, después de un par de ejercicios de codificación de 18 horas, serás una familia, lo quieras o no. Después de todo, es probable que los vea más a ellos que a su familia de vez en cuando.

Un estudio de desarrollo de juegos es un lugar extraño donde los programadores, artistas, compositores de audio y probadores se llevan bien ... al menos hasta que alguien se equivoca. También es importante tener en cuenta que muchos de sus compañeros de trabajo serán autodidactas en lugar de tener una educación universitaria.

En general, los trabajos de programación de juegos son más adecuados para personas con habilidades variadas que para personas con títulos. Esto no quiere decir que los programadores autodidactas sean holgazanes, o que los graduados universitarios carezcan de cierta chispa.

Si tiene una educación en programación, a veces los verá hablando durante treinta minutos sobre una nueva estructura de datos asombrosa que se les ocurrió ... solo para descubrir que están describiendo literalmente un árbol B +.

Las personas más gratificantes y desafiantes con las que trabajar son los artistas. Personalmente, los veo como el otro lado de la programación. Siempre se les ocurren ideas extravagantes, con poca idea de si puedes o no hacerlo realidad.

En lugar de ignorarlos de inmediato, piense si puede hacerlo. Los artistas son los mejores para llevar a los programadores de juegos a sus límites absolutos. A veces, descubrirás que eres el más feliz con las cosas que escribiste porque alguien te dio una idea tan extravagante que solo tenías que intentarlo.

Los animadores y programadores también tienden a tener una relación bastante intensa. Piense en ello como un acto de equilibrio sobre una cuerda. El animador debe asegurarse de que el personaje se vea bien haciendo lo que hace. Por otro lado, el programador debe asegurarse de que se vean bien y se sientan receptivos al reproductor.

Estos dos pueden ser bastante difíciles de combinar, pero cuando se hacen a la perfección, el juego realmente se beneficia, como podemos ver en juegos de lucha como Skullgirls o Street Fighter.

Como ejemplo de esto, tomemos un problema que tuve con un animador sobre los saltos. Cuando un jugador quiere saltar, espera que su personaje salte inmediatamente. Sin embargo, en la práctica, esto no se ve muy bien, ya que los saltos reales implican cuerda. Así que, finalmente, el animador y yo nos decidimos por un pequeño tiempo de liquidación seguido del salto.

Los diseñadores de juegos también son un grupo único de personas. Todas las demás partes del proceso de desarrollo del juego pueden encontrar trabajo en otra industria. Los programadores de juegos se dedican a la programación; los animadores pueden trabajar en 2D o 3D, y los compositores pueden hacer música, etc.

Por otro lado, los diseñadores de juegos tienen un enfoque mucho más versátil. Por lo general, tienen un buen conocimiento de escritura, coreografía y experiencia en juegos.

Su tarea principal es garantizar que el juego no solo funcione desde un punto de vista técnico, sino que sea realmente entretenido para jugar. Deben tener siempre en cuenta los fundamentos que impulsan a los jugadores a jugar y disfrutar de los juegos.

Todo esto puede llevar a algunas personas bastante peculiares, que encontrará que van desde personas colaborativas y amigables con las que puede comprometerse fácilmente, hasta dictadoresególatras que quieren supervisar todas sus pulsaciones de teclas.

Al trabajar con diseñadores de juegos, es importante tener en cuenta su visión del juego y hacerles preguntas al respecto. La capacidad de interactuar con éxito con los diseñadores de juegos es una de las habilidades blandas más importantes que debe tener un programador de juegos.

Los compositores de audio y los ingenieros de sonido son generalmente la última parte del proceso de creación del juego. Por lo general, el audio se hace después de que todo el contenido esté colocado en su lugar. La historia tiende a ser contada a través de voces en off, y cada acción que hacen los personajes tiende a tener su propio sonido que la acompaña. Los efectos de sonido realmente no se pueden hacer antes de que se terminen las animaciones, lo que significa que cuando llega tarde, los diseñadores de sonido tienen un poco menos de tiempo.

Finalmente, están los probadores de juegos. Estos pueden ser cualquier cosa, desde un niño que todavía está en la escuela secundaria hasta un profesional de control de calidad educado y capacitado. Sea lo que sea, es en quien confías para lanzar un juego que es un poco más que un lío de errores.

A veces, estos serán los diseñadores del juego, sin embargo, la mayoría de las veces son simplemente las personas que son conscientes de la diferencia entre lo que se siente un juego divertido y lo que se siente un juego "bueno".

Debido a esto, siempre debe valorar sus comentarios y hacer todo lo posible para corregir los errores que encuentren (y créame, habrá errores).

Otro beneficio de trabajar en el desarrollo de juegos es todo el hardware nuevo y variado en el que podrá trabajar. Por ejemplo, los primeros juegos de la 3DS fueron los primeros en experimentar el renderizado 3D estereoscópico.

Por otro lado, juegos como Thief pudieron utilizar lo último en tecnologías de audio y video disponibles en ese momento. En los viejos tiempos de Ultima, los juegos en sí mismos empujaban los sistemas con tanta fuerza que algunos jugadores compraban directamente una nueva PC cada vez que salía un nuevo juego. Sí, eso equivale a pagar $ 3,000 por un juego.

Muchos títulos de PC de mayor presupuesto se fabrican en hardware que aún no está disponible para los consumidores. Jugar con los juguetes nuevos siempre es divertido y, a veces, el editor incluso te dejará una camiseta gratis o algo similar. Un desarrollador suficientemente bueno puede incluso llamar a cualquier empresa de hardware y buscar su programa de desarrollador. Claro, es posible que no obtenga hardware gratuito como en los viejos tiempos, pero aún así obtiene muchas cosas interesantes.

El Bit Duro

La programación de juegos es como cualquier otro trabajo en el sentido de que existen las partes buenas, las malas y las meh que solo tienes que superar. Si bien puedo ser parcial, diría que la programación de juegos es, con mucho, el trabajo más frustrante que existe.

Claro, muchas personas darán fe de que programar juegos es el tipo de programación más difícil que existe, pero eso ni siquiera comienza a cubrirlo. Si eres de los que disfruta de los desafíos, disfrutarás de esta parte, pero no te preocupes; habrá otra parte frustrante en la que participar.

También vale la pena señalar que la presión del tiempo es bastante loca. No es raro que los desarrolladores de juegos desarrollen algo completamente nuevo en una fecha límite. Y por "nuevo" no me refiero a modificaciones menores a las estructuras de datos. Estoy hablando más de aplicar diseños teóricos por primera vez. Por ejemplo, cuando miramos a Ultima VII, podemos ver que uno de los desarrolladores escribió un MMS (sistema de administración de memoria) de 32 bits que tenía sus raíces en el indicador del procesador Intel 486 combinado con un ensamblaje codificado.

Notarás que hay mucha prensa en estos días cuando se retrasa el lanzamiento de un juego; sin embargo, para mí es más sorprendente que se completen en primer lugar. Hay tanta tecnología involucrada y creada aquí que me sorprende que puedan lanzarla en tan poco tiempo.

Crear un juego es más que un simple código; sin embargo, si echa un vistazo a cualquier juego de PC creado recientemente, notará que está lleno de archivos DLL y EXE. Lo más probable es que incluso encuentre toneladas de extensiones de archivo que nunca ha visto en su vida. Cada parte de un juego proviene de un archivo. Cada efecto de sonido que escuchas cuando mueves tu espada alguna vez fue un archivo WAV. Cada modelo y nivel del juego formaba parte de su propio archivo. Cada juego tiene cientos de estos combinados.

Errores y / o características

Este es un error real que me sucedió durante el desarrollo: mi personaje caminaba y los árboles comenzaron a convertirse en palas, y luego mi personaje de repente se convirtió en un par de botas. Naturalmente, el juego se bloqueó inmediatamente después.

Eso ni siquiera suena como algo real. En serio, el código del juego puede ser un verdadero desastre. No verá errores como ese en ninguna otra ocupación. El código siempre será una locura.

Ahora, podría estar pensando en por qué se incluye algo tan divertido en la sección con desventajas. Bueno ... a veces los errores no son tan divertidos. A veces, los juegos se agotan tan rápido que no hay tiempo suficiente para corregir todos los errores que existen.

Se ejerce demasiada presión sobre los desarrolladores para que preparen sus juegos para probarlos en la gestión de proyectos. El gran volumen de errores que se encuentran en los juegos en estos días es un problema que enfrenta toda la industria. Lo peor es que no solo es una pesadilla logística; en la mayoría de las empresas se le anima a hacerlo así.

Afortunadamente, algunos errores extraños que ocurren pueden convertirse en una característica. Por lo general, estos son los errores que no rompen el juego por completo, pero son difíciles de solucionar. Estas características generalmente se esconden debajo de la alfombra.

Las herramientas mismas

El señor y salvador del desarrollo de juegos. Richard Garriott (creador de la serie Ultima) ha hecho una comparación bastante acertada entre las industrias del juego y del cine. Muchas veces, los proyectos comienzan con todo lo que los rodea. En la industria del cine, eso es cámaras, técnicas y proyectores, mientras que en la industria del juego son motores.

Claro, podrías hacer un juego increíble en, digamos, Unreal Engine, pero la mayoría de los esfuerzos comerciales optan por una solución personalizada. Por lo general, antes de crear el juego, crearás las herramientas para crearlo.

Muchos juegos tienen editores especiales para diferentes niveles, zonas y misiones. Mientras Ultima estaba en desarrollo, pasamos nuestro primer año simplemente escribiendo el editor del juego. El editor era solo una herramienta que nos permitía incorporar gráficos, sonidos y modelos al juego.

El editor estaba completamente en red, utilizando TCP e IP para comunicarse entre pares con todos los involucrados en el proyecto. Incluso era posible que varios programadores editaran el mismo mapa a la vez (aunque eso ya no es impresionante).

El editor de Ultima Online era aún mejor, casi parecía un juego. Aunque los juegos más antiguos usaban tecnologías más simples, eran lo suficientemente buenos para hacer mapas y áreas más simples.

La parte mala

Ahora, aunque el desarrollo de juegos es mi trabajo favorito en el mundo y no lo cambiaría por nada, eso no significa que no tenga sus desventajas. En esta sección, los repasaremos.

Hay muchas cosas que hacen que el desarrollo de juegos sea una bestia en constante cambio, fluida y temperamental. Hay una variedad de motivadores diferentes en juego cada vez que se hace un juego, tanto internos como externos.

El "modo crunch" es el primero de estos inconvenientes. Si alguna vez ha estado con desarrolladores de juegos, los habrá escuchado hablar sobre "crunching". Esto se refiere a una práctica en la que los desarrolladores se reúnen en una habitación y golpean sus teclados (y ocasionalmente monitores) sin cesar hasta que finalmente terminan.

Si bien un crujido puede hacerte sentir feliz y realizado, durante uno simplemente sientes que estás a punto de caer en cualquier momento si no te dan café por vía intravenosa.

Esto se debe en parte al hecho de que los estándares que se supone que debe cumplir cambian constantemente y los objetivos de desarrollo pueden cambiar en una fracción de segundo. Ésta es la razón por la que los desarrolladores a veces pueden estar muy en apuros.

El análisis del sistema se dedica a conocer los requisitos de sus consumidores. Usarán estudios de casos de software y otros métodos de investigación meses antes de que sea el momento de que escriba una sola línea de código.

Por otro lado, la arquitectura que gobierna Ultima VIII fue completamente planeada en una tarde por siete personas frente a una pizarra.

A veces, el diseño inicial simplemente no es divertido. Desafortunadamente, la diversión no es algo que se pueda modificar fácilmente. Puedes hacer un juego completo, solo para descubrir que no es divertido.

Tu única opción es poner todas tus esperanzas en que el diseño original sea realmente un juego divertido para jugar y rezar. Desafortunadamente, la primera edición jugable de un juego suele ser una mierda. Por lo general, simplemente dejan al jugador con la sensación de que les falta algo.

A veces, eso significa mover algunas cosas y cambiarlas. En otras ocasiones, eso puede significar cambiar drásticamente el diseño de todo el juego. Debido a esto, el trabajo puede resultar bastante estresante.

Al principio, el diseño del mapa de Ultima VIII giraba en torno a un modelo de cubo y radio. El centro en sí estaba situado en una mazmorra subterránea. Desde allí, el jugador puede ir a cualquier mapa que desee.

Después de una ronda de pruebas de control de calidad ... descubrimos que el juego era simplemente aburrido, y la razón era que había un mapa central escasamente poblado que estaba poco más allá de un laberinto.

Después de reelaborar todo para incluir cosas que los jugadores disfrutan, como monstruos, trampas y rompecabezas, el mapa central terminó siendo uno de los elementos más divertidos del juego.

Abdominales

Es posible que su primer proyecto no lo obligue a hacer crujidos, tal vez el segundo tampoco lo hará, pero el tercero estará tostado. A veces, todo el proyecto puede terminar en un callejón sin salida tecnológicamente hablando. Aquí es donde normalmente es necesario empezar de nuevo.

Por ejemplo, me contrataron para un proyecto complejo de Mattel que estaba destinado a entrar en pruebas en solo dos semanas. Después de ver el código allí ... descubrí que estaban usando Windows GDI. Windows GDI no puede crear polígonos de textura. Esto significaba que era necesario reconstruir todo el proyecto desde cero.

Esto incluyó algunos elementos básicos básicos, como un programa de animación vectorial en 2D. Estas 5 semanas me parecieron más a 15. Si bien el equipo de desarrollo era pequeño, todos trabajamos hasta altas horas de la noche y luego volvimos a la oficina a la mañana siguiente. Los fines de semana eran un concepto olvidado. Probablemente nos conectemos a una semana laboral de 90 a 100 horas para esa semana.

Ahora, claro, eso suena irrazonable. No voy a refutar eso, pero esta es una realidad del trabajo. Sin embargo, esto fue solo 5 semanas, lo que palidece en comparación con algunas de las empresas más duras.

Por ejemplo, Origin Systems solía tener un club llamado "100 Club". Entonces, ¿cómo entrarías en este club? Bueno ... tendrías que trabajar 100 horas a la semana. Si te encontraras dentro de este club, sin duda habrías pasado por una ronda de cuestionamientos sobre tus decisiones de vida.

Como nos pueden decir las matemáticas simples, una semana tiene 168 horas, y si duermes 8 horas al día (un lujo en el mundo de la programación de juegos), entonces te quedan 12 horas de tiempo libre ... durante una semana.

Los horarios en Origin Systems eran tan terribles que los equipos terminaron construyendo literas dentro de las cocinas de la empresa. Desafortunadamente, la oficina suya realmente se encontró al otro lado del pasillo. Pude ver que la combinación de cocina y dormitorio albergaba a más personas que el refugio local para personas sin hogar, y todos eran programadores bien pagados.

Una semana después, noté que el lugar olía cada vez más; parecía como si se hubieran olvidado de contratar un servicio de limpieza. La dirección de Origin cerró el experimento poco después.

Incluso hoy en día, no es raro que las empresas quieran que trabajes muchas horas, aunque te proporcionan comidas la mayor parte del tiempo. Estas llamadas comidas crujientes suelen ser alimentos que se ordenaron y se le entregaron. Por lo general, esto es desde un lugar que puede simplemente facturar a la empresa en lugar de usar tarjetas de crédito.

En el equipo de desarrollo de Origin, pronto nos aprendimos de memoria el menú de Jason's Deli. Conozco partes del menú incluso hoy, ya que comíamos la comida casi todas las noches. Su comida es buena, aunque no me atrevo a comer allí hoy.

Podría pensar que los crujidos se detendrán a medida que envejezca. Bueno, a la temprana edad de 38 años, me encontré en el proceso de crear la última entrega de la serie "Thief". Créame, cuanto mayor sea, más difícil será mantenerse despierto y codificar hasta altas horas de la noche. Esto se intensificó ya que duró semanas y semanas.

Desafortunadamente, el modo crunch está presente en casi cualquier estudio moderno. Esto se debe a que la mayoría de los editores simplemente no permitirán que los juegos se publiquen de una manera que facilite una semana laboral simple de 40 horas. Si alguna vez ha trabajado en EA, debe conocer uno de los escándalos más grandes en la industria del juego durante sus tiempos de crisis.

Si bien podría pensar que el escándalo impidió que ocurrieran tales cosas, todo lo que significó fue que la crisis fue subcontratada.

Estás a mercy of the Seasons

Al igual que el equipo de esquí, los juegos son un negocio estacional. Descubrirás que los juegos se venden mucho menos a medida que se acerca el verano, y mucho más a medida que pasa junto a ti y nos acercamos a la época navideña. Ahora, la única vez que un juego puede venderse bien es si ya ha terminado de trabajar en él.

En ocasiones, tendrás la presión sobre ti incluso antes de empezar a trabajar en el juego. Si está trabajando en descargables, es poco probable que obtenga muchos ingresos a menos que se haga cerca de la fiebre navideña. Por otro lado, si estás haciendo un título minorista, definitivamente querrás llevar tu juego a los estantes de las tiendas lo antes posible.

Ahora, algunas editoriales abordan esto de manera diferente a otras. Por ejemplo, los conglomerados masivos como Microsoft tienen enormes tuberías de fabricación, que incluyen desde la nueva entrega de Halo hasta la última edición de Microsoft Office. Demonios, pasé un tiempo trabajando en un juego que se vendía el mismo mes que Windows XP.

Empleo incierto

Si bien es poco probable que se encuentre desempleado como desarrollador de juegos, también es poco probable que se encuentre en una situación en la que esté trabajando con el mismo grupo de personas durante más de, digamos, un año o dos. Esto se debe a que a las empresas de juegos les gustan mucho los despidos masivos y rara vez se quedan con los mismos empleados durante más de 2 o 3 años.

Por ejemplo, Origin organizaba fiestas navideñas anuales. En estas fiestas, a los empleados se les pedirá que se pongan de pie y luego se sienten por cada año que haya trabajado con ellos. Cuando cumplí mi sexto año de empleo, era el duodécimo empleado más antiguo de los cientos que teníamos en la empresa.

Esto es extremadamente común en la industria, aunque puede encontrar empresas que son diferentes en la naturaleza de sus productos y su cultura empresarial, estas empresas son mucho más difíciles de encontrar. Hay muchas más compañías que simplemente quieren estresarlo con horarios cortos y usar sus proyectos cancelados como una insignia de honor. Este tipo de cosas es lo que sacó a la mayoría de mis amigos de la industria.

Esto también se aplica a las personas que están por encima de usted en la cadena corporativa. El jefe que tienes hoy no es el mismo jefe que tendrás mañana. Esto es especialmente cierto si a su jefe le gusta correr riesgos, como iniciar un estudio de juegos. Incluso podría encontrarse con un exjefe como empleado.

De todas las empresas para las que he trabajado, al menos la mitad ya no existen. También hay un diseñador en Valve con el que he trabajado en 3 empresas distintas.

¿Entonces Vale la pena?

Entonces, ahora conoce la esencia de lo que debería esperar si ingresa a esta industria. Habiendo dicho todo esto, ¿merece la pena entrar en este campo? Para mi, la respuesta es si.

Hay algo extraño en la forma en que trabajan los humanos. Cuando experimentamos algo que nos dejó aterrorizados, o si tenemos una experiencia realmente dolorosa, pensamos: "Bueno, eso no fue *tan* horrible, ¡creo que podría volver a hacerlo!"

Los desarrolladores de juegos están muy familiarizados con esta línea de pensamiento. El trabajo es realmente difícil, y hará todo lo posible para volverte completamente loco. Las herramientas que utiliza y los sistemas para los que desarrolla están cambiando rápidamente. Hay días en los que borra más código del que ingresa.

Al dar tres pasos hacia adelante y seguirlos con cinco hacia atrás, trabajará muchas horas y comerá un buffet libre de horas extras.

Esto se pondrá mal. ¿Qué tan mal? Un día, saldrá del trabajo a las 6 pm un domingo por la noche ... y se sentirá culpable por ello. Cuando termine la crisis y vuelva la rutina de su semana laboral de 60 horas, estará confundido sobre qué hacer con todo ese tiempo.

Habrá innumerables ocasiones en las que pensará que un simple trabajo de oficina se ajusta mejor a sus necesidades. ¿Pero es? Absolutamente no. Hay muchas cosas buenas en el trabajo, pero hay una que deja el resto en el polvo.

Después de todo el trabajo que pusiste después de tu pelea con productores, evaluadores y compañeros de trabajo, verás que tu juego aparece en los estantes de la tienda. Será tu juego en las tiendas. Estará en una caja. En la repisa.

No hay nada como ese sentimiento en todo el mundo. Tendrás a alguien que se acerque a ti y te pregunte: "Oye, quería comprar ese libro ... ¿es bueno?" Y podrás decirles: "Sí, es increíble".

Capítulo Dos

A indie o no a indie

En estos días, el desarrollo independiente está recibiendo cada vez más prensa en el mundo de los videojuegos. Juegos como Risk of Rain 2 y The Binding of Isaac encabezan las listas de éxitos de ventas y hacen que algunos desarrolladores se pregunten si vale la pena optar por una editorial de renombre.

La división es esencialmente entre juegos como The Witcher 3, Civilization VII, Dishonored, FIFA 2020 y juegos como Super Meat Boy, Transistor, The Binding of Isaac o Stardew Valley.

Ahora bien, ¿podemos decir que un grupo de estos juegos es objetivamente mejor que el otro grupo? No, no podemos, ya que ambos son juegos excelentes que han alcanzado un éxito crítico y financiero. Incluso además de eso, ambos son simplemente divertidos.

Los primeros juegos del grupo no son todas secuelas, ni los juegos del segundo grupo son todos independientes. Dicho esto, el primer grupo tiende a ser significativamente más caro que el segundo. Con precios de ~ $ 60 + DLC opcionales, los indies suelen tener un precio más cercano a $ 15 o $ 30.

Ahora, aunque podríamos pasar horas hablando sobre cómo los desarrolladores independientes y AAA se diferencian en una variedad de factores, aquí queremos establecer en cuál preferirías trabajar.

Este capítulo tiene como objetivo establecer sus expectativas de desarrollo de juegos independientes y cómo desarrollar un juego para una gran empresa.

¿Cuáles son las diferencias?

Ahora bien, ¿por qué la gente separa los juegos en títulos AAA e independientes en primer lugar? ¿Qué es lo que crea esta división bidireccional entre dos grupos aparentemente arbitrarios? Algunas personas podrían pensar que se debe a que los dos tienen modelos de precios completamente diferentes. Sin embargo, algunos títulos AAA son baratos o incluso gratuitos (Hearthstone, por ejemplo). Por otro lado, también hay títulos independientes que son caros.

La siguiente consideración para la mayoría de la gente es la escala del juego. Allí nuevamente vemos que no hay diferencia. Hay muchos juegos independientes con mundos abiertos en expansión llenos de contenido y juegos AAA con un mundo pequeño.

En mi opinión, la diferencia es mucho más simple que cualquiera de estos: es el tamaño. El tamaño de la empresa que fabrica los juegos lo determina todo. Los juegos indie, en mi opinión, son aquellos que están hechos por pequeñas empresas, generalmente con menos de 30 personas, y algunos están hechos con empresas que tienen incluso menos de 5 personas.

Por otro lado, los estudios AAA (para los que he pasado la mayor parte del tiempo trabajando) suelen ser grandes empresas con cientos de empleados a su disposición.

El problema del tamaño del equipo

Como acabamos de cubrir, el tamaño de la empresa es la mayor diferencia entre un estudio independiente y AAA. En la misma línea, el tamaño del equipo también es muy diferente la mayor parte del tiempo. En verdad, este es el hecho que da lugar al 90% de las diferencias entre estos dos procesos de desarrollo del juego.

La primera diferencia que notará cuando cambie de uno a otro es la diferencia en su posición. En un estudio AAA, cada puesto está mayormente ocupado y especializado; por ejemplo, verá puestos como "programador de motores" o diseñador de niveles. Por otro lado, no podrás ver esto si estás trabajando en un desarrollador independiente. Por lo general, verá un puesto titulado "programador".

También hay mucha más dirección en los estudios AAA. Desde el momento en que lo contratan, el líder del proyecto sabe exactamente lo que quiere que haga. Mientras tanto, si está trabajando para un estudio independiente, su rol puede estar mucho menos definido, aunque tendrá mucha más información.

De la misma manera que la industria AAA valora mucho la especialización, los valores del desarrollo de juegos independientes generalizan tu conjunto de habilidades para que puedas abordar múltiples roles. Por ejemplo, es posible que un día trabajes en redes y al siguiente en la IA del enemigo. Esto se debe a que los equipos pequeños rara vez pueden cubrir todas las posiciones que necesitas para un juego y, por eso, buscan personas que puedan hacer muchas cosas a la vez.

Esta variedad es probablemente el mayor beneficio de trabajar con el desarrollo independiente. Si bien puede pasar 3 años trabajando en el mismo juego, trabajará en aspectos completamente diferentes. Esto puede romper la monotonía ocasional que puede atrofiar la creatividad dentro de un proyecto.

Debido a esta variedad, también necesitará saber mucho más de lo que tendría trabajando con un editor de juegos AAA. Yo diría que el trabajo independiente es más difícil para el cerebro, mientras que el trabajo AAA te pone más los dedos con el tiempo extra.

Diferencias en la financiación

Ésta es otra diferencia obvia. Un gran equipo necesitará mucho dinero para financiarse con éxito porque hay mucha más gente a la que la empresa necesita pagar. A su vez, esto también significa que los juegos creados por estudios AAA generalmente tienen costos de desarrollo significativamente más altos.

Dicho esto, esto también se debe a que las empresas AAA pagan mucho más a sus altos ejecutivos. Verá mucha más desigualdad en lo que respecta a los salarios en las empresas AAA que en las independientes. No es raro que un líder de proyecto gane el doble de lo que usted gana en una gran empresa. No es raro que el programador gane más que el CEO en sus etapas iniciales en un proyecto independiente.

El desarrollo independiente también incluye a menos personas, lo que significa que hay muchas menos personas a las que pagar. A su vez, el desarrollo independiente cuesta mucho menos que en las empresas de renombre.

Disposición al riesgo

Esto desciende de la diferencia anterior. Debido a que el desarrollo de AAA cuesta mucho más, el riesgo de que fracase también es mucho mayor. Si un juego AAA fracasa, la empresa puede terminar perdiendo millones de dólares.

Por otro lado, un juego independiente no tiene ni por asomo esa cantidad de riesgo. Por lo general, el riesgo será bastante pequeño. Debido a esto, los juegos independientes suelen ser mucho más propensos a correr riesgos.

Compañías AAA como EA reciben muchas críticas por lanzar lo que es "básicamente el mismo juego" todos los años, como Assassin's Creed, FIFA y muchos otros títulos deportivos. Si bien puedo asegurarles que ningún desarrollador de EA llamaría a FIFA18 y

FIFA20 "el mismo juego" desde la perspectiva del consumidor, son muy similares.

Esto se debe a que, como una gran empresa, EA asume muchos menos riesgos (y es un valor atípico incluso entre las grandes empresas). Las grandes empresas son mucho más aficionadas a la mentalidad de "no lo arregles si no está arruinado".

Por otro lado, tienes desarrolladores como Hopoo Games, cuyo primer juego exitoso fue Risk of Rain. Era un roguelike de desplazamiento lateral en 2D con potenciadores y oleadas de enemigos.

Para la secuela, un título AAA probablemente agregaría más potenciadores, una mayor variedad de enemigos y tal vez mejoraría los modelos y animaciones de los personajes.

Lo que hicieron los juegos de Hopoo en Risk of Rain 2 va mucho más allá de eso. Hicieron el juego en 3D para uno, que es un gran cambio con respecto a su predecesor. Hicieron que apuntar sea una mecánica real.

Además, se arriesgaron tomando la fórmula roguelike y tratando de aplicarla a un tirador 3D en tercera persona. Como podemos ver hoy, esto se pagó con creces, ya que el juego es uno de los juegos más vendidos en Steam en este momento.

Si este es el tipo de riesgo que disfruta, probablemente sería mejor que lo desarrollara para un estudio independiente.

Dicho esto, vale la pena señalar que asumir riesgos no es todo positivo. Las compañías independientes tienden a vivir desde el juego A hasta el juego B. Esto significa que el primer juego en el que estás trabajando tendrá sus ingresos utilizados para financiar el desarrollo de su próximo juego.

A su vez, esto significa que si un juego fracasa o no funciona lo suficientemente bien, el estudio podría cerrar inmediatamente.

Por otro lado, un estudio AAA tiene ingresos más que suficientes para dejar un juego que no funciona muy bien una o dos veces, lo que significa que tienden a ser mucho más estables como empresas.

Naturalmente, hay algunas excepciones a esto, como CD Projekt Red, que existe en una especie de limbo entre una compañía independiente y AAA.

Burocracia

En un estudio de juegos independiente, cuando se debe tomar una decisión, todo el equipo se reunirá y decidirá qué se debe hacer. Esto puede llevar bastante tiempo y, a veces, se hacen y se rompen amistades en estas situaciones.

Por otro lado, las compañías AAA tendrán ejecutivos que quizás ni siquiera jueguen el juego y tomen la decisión. Pasarán semanas, o incluso meses, antes de que el juego haya comenzado a desarrollarse para decidir su dirección.

Harán una investigación exhaustiva sobre el mercado, tomando en cuenta las tendencias actuales y pasadas y analizándolas para ver qué funcionaría bien con la base de jugadores. Quieren encontrar tantos jugadores como sea posible, por lo que los títulos de nicho están fuera de discusión.

Los desarrolladores independientes suelen deshacerse de todo el aspecto de la investigación de mercado. Por lo general, son simplemente proyectos de pasión y no se alejarán de un diseño de nicho, incluso si aleja a algunos clientes potenciales.

Los juegos independientes no necesitan vender millones de copias para ser rentables; debido a esto, pueden permitirse buscar títulos de nicho, así como adoptar enfoques de diseño poco ortodoxos.

También hay mucha menos burocracia en el mundo de los juegos independientes. Lo más probable es que tenga como máximo de 2 a 3 personas justo encima de usted. Por otro lado, en los juegos AAA encontrarás que hay una cadena aparentemente interminable de ejecutivos que miran la parte posterior de tu cabeza.

Pasión

Ahora, no estoy tratando de decir que todos los desarrolladores AAA sean menos apasionados; sin embargo, a medida que aumenta el tamaño del equipo, no puede evitar sentirse un poco más imparcial con respecto al resultado final de un proyecto.

Si quieres tratar el desarrollo de juegos como un trabajo divertido, te sugiero que vayas al desarrollo AAA. Esto se debe a que puede ir a trabajar, divertirse y regresar sabiendo qué hacer.

El desarrollo independiente, por otro lado, es como pintar con un tornado. Nadie está seguro de lo que deberían hacer los demás, pero están unidos por las corrientes de pasión por hacer que el proyecto sea bueno.

En un estudio AAA, el juego se trata más como un producto que se lanzará al mercado. Su propósito es simplemente obtener ganancias. No quiere decir que no haya desarrolladores apasionados en los estudios AAA; sin embargo, su pasión debe quedar relegada.

La capacidad de comenzar tu propio

Entonces, ¿alguna vez has pensado en cómo sería comenzar la próxima Blizzard? ¿La próxima Activision? Creo que todos los que están en la programación de juegos han tenido estos pensamientos.

Trabajar para uno de ellos es una forma de hacerlo. Quién sabe, un día podría llegar al puesto de director ejecutivo o director de subdivisión. Esta es la forma más segura de familiarizarse con una empresa como esta y controlar el tipo de juegos que son los títulos AAA.

Desafortunadamente, no influye mucho en tus habilidades de programación. No será promovido a ningún programador líder anterior sin participar en la política de la oficina y temas similares.

Tampoco es fácil llegar a ese punto. Puede apostar que hay cientos de personas que buscan el mismo asiento que usted. Y cada uno de ellos tiene grandes habilidades para ello.

Incluso ignorando eso, la importancia de las conexiones y la existencia del nepotismo hace que estos asientos sean casi inalcanzables para la gran mayoría de nosotros. Aunque desearía que este no fuera el caso, si está tratando de llegar allí sin algunas habilidades sociales verdaderamente excepcionales, le sugiero que busque una nueva meta.

Luego está la otra forma de hacerse cargo de una empresa como el CEO. En otras palabras, podría iniciar su propia empresa de juegos. Si tus juegos son lo suficientemente buenos, quién sabe, podrías convertirte en la próxima gran novedad.

Por ejemplo, CDPR, que ahora es lo suficientemente famoso como para merecer un acrónimo, comenzó como un pequeño estudio independiente. Hoy en día son uno de los nombres más importantes en los juegos, con títulos como The Witcher 3 obteniendo el juego del año *con un DLC*. Y Cyberpunk 2099 es uno de los títulos más esperados de todos los juegos.

Ahora, si está planeando tomar este camino, sepa que no será fácil. Ha habido innumerables empresas de desarrollo de juegos independientes que se han hundido en los últimos 10-20 años.

En este camino, comprenderá por qué la mayoría de las empresas AAA ven los juegos como un producto. Es porque es lo que tenían que hacer para mantenerse a flote en sus días indie.

Esto tiene la ventaja de brindarle una libertad creativa suprema. Usted mismo puede influir en las decisiones tomadas sobre el juego. Esto también significa que el juego vivirá o morirá según tu decisión.

Desafortunadamente, simplemente hacer buenos juegos no es suficiente para garantizar que su empresa se mantenga a flote. También deberá manejar el marketing en la era de Internet. Esto significa patrocinar a los YouTubers, conseguir anuncios, intentar conseguir buenas ubicaciones en las páginas de la tienda, etc.

Y si no es lo suficientemente bueno en ninguno de estos departamentos, es probable que su empresa muera en ese momento. El primer buen juego ni siquiera es lo suficientemente bueno la mayor parte del tiempo.

Tendrá que hacer bastantes juegos antes de que su empresa sea lo suficientemente reconocida como para que pueda sentirse seguro al respecto.

Si elige tomar esta ruta, también tendrá que volver a examinar qué suena divertido y qué es realmente divertido. Cierta mecánica puede parecer divertida en papel, pero puede resultar bastante aburrida cuando se juega.

Con todo, este es un enfoque mucho más complicado y estresante. Si pensaba que la crisis era mala cuando solo era un programador, ahora tendrá suerte si puede salir de la oficina.

Dicho esto, hay una luz al final del túnel, y si logras crear un gran y divertido juego, es posible que algún día puedas unirte a los grandes.

¿Puedo ir entre los dos?

Esta es una pregunta que me han hecho varias veces: ¿es posible cambiar entre la codificación de una empresa AAA y una independiente?

La respuesta a esta pregunta es un sí rotundo y bastante tímido. Hay algunas cosas que debe considerar si desea hacer esto. Por lo general, solo es aconsejable si no está seguro de cuál desea o si planea acumular experiencia antes de comenzar su propio juego.

Lo primero que debes tener en cuenta es qué tan versátil eres. Si no está interesado en múltiples facetas del desarrollo de juegos y es solo una persona de programación, le sugiero que se ciña a las grandes empresas. Alternativamente, puede ganar experiencia en compañías más grandes para comenzar su propio juego independiente.

Si tienes la ética de trabajo de un atleta olímpico, incluso podrías tener una especie de "trabajo secundario".

Un ajetreo lateral es como comienzan muchos juegos independientes. Obtienes un trabajo normal en una empresa regular y, además, trabajas en un proyecto personal. De esta manera, sus ingresos no están vinculados a su juego independiente y puede concentrarse en convertirlo en el mejor producto posible.

Una vez que tenga un prototipo funcional, puede presentarlo como un Kickstarter o incluso publicarlo como un título de acceso anticipado. Un juego puede ganar tracción como este, y puedes pasar lentamente de trabajar de nueve a cinco a trabajar en tu juego personal.

Tomé mi decisión, ¿qué sigue?

Por lo tanto, si ha decidido qué enfoque adoptar, podría quedarse estancado en la parálisis de decisiones; después de todo, no hay un tutorial que le diga qué hacer a continuación.

Afortunadamente, para eso estoy aquí. Hay 3 opciones por las que podría haber optado:

- Emplear en un desarrollador AAA

- Conseguir un empleo en un estudio independiente

- Comenzar tu propia compañía de juegos indie

En el primer caso, ¡todo lo que tienes que hacer es hacer tu trabajo! Intenta llevarte bien con tus compañeros de equipo, por supuesto, pero ya estás en una posición bastante envidiable para un desarrollador de juegos. Le sugiero que intente no alejarse demasiado de la política de la oficina, ya que pueden ser bastante relevantes.

De lo contrario, intente impulsar proyectos cada vez más ambiciosos. Dado que muy pocas personas permanecen en la misma empresa durante mucho tiempo, la antigüedad a menudo puede ser un buen argumento para un ascenso.

En el segundo caso, tendrás las manos ocupadas. Asegúrate de tener una visión adecuada de lo que quieres que sea el juego. Cada línea que escriba debe tener un propósito, ya que estará escribiendo miles de ellas y no querrá perder el tiempo.

Ahora es el momento de moler. Pronto olvidará la noción de horas de trabajo y tiempo libre; todo se fusionará en una gran entidad dedicada exclusivamente a desarrollar el mejor proyecto posible. Sin embargo, no será fácil, pero mientras se concentre en adquirir tantas habilidades como sea posible en el trabajo, será más fácil a medida que pase el tiempo.

Cuando hayas terminado con tu primer juego, el segundo probablemente será mucho más fácil de hacer.

En el 3er caso, prepárate para vivir y respirar juegos por un tiempo. Crear tu propia empresa de desarrollo de juegos no es solo una tarea ambiciosa, sino que mucha gente falla, y eso no se debe a que sean estúpidos. La principal razón del fracaso es simplemente la falta de suerte o la falta de enfoque en ciertos aspectos ajenos a la programación, como el marketing.

Capítulo Tres

Elegir un idioma y comenzar a programar

Como sabes, los juegos se hacen utilizando lenguajes de programación. Estos son lenguajes especiales creados para que un compilador pueda entenderlos y luego traducirlos a binario para que la computadora escuche sus instrucciones.

Hay una gran cantidad de lenguajes en el mundo de la programación, por lo que elegir uno para empezar puede resultar bastante abrumador para muchos principiantes. A menudo verá que se recomiendan lenguajes como C # o Java; sin embargo, estos son bastante difíciles y están muy alejados de nuestra comprensión rutinaria del lenguaje.

Algo bueno de los lenguajes de programación es que una vez que conoces uno muy bien, es fácil cambiar a otros, ya que todos funcionan con los mismos principios subyacentes.

En aras de esto, y en aras del desarrollo sencillo del navegador y la facilidad de uso general, hemos optado por utilizar ruby.

¿Por qué Ruby?

Siempre encontrarás gente que te empuja a aprender un lenguaje de tipado estático como C ++ o similar en el desarrollo de juegos.

Diciendo que son los mejores y que si bien pueden tener una "curva de aprendizaje" pronunciada una vez que los dominas, estás listo.

Si bien esto puede ser cierto, esa curva de aprendizaje es más un acantilado. De hecho, comenzar con un lenguaje como ese es la forma más fácil de renunciar a ser un programador de juegos para siempre, como se dice simplemente: aburrido.

La gente incluso podría sugerirle que elija una plataforma ya preparada como Unity. Esto tiene la desventaja de que realmente no puedes aprender a programar, solo a usar la plataforma que elijas.

Al final, me decidí por ruby para este libro. Escucharás a muchos programadores decirte que hay pocas razones para hacer un juego completo a través de Ruby. Después de todo, todos los juegos casuales generalmente están diseñados para plataformas móviles, mientras que los juegos de escritorio generalmente se hacen pensando en jugadores más serios.

Dicho esto, no vamos a hacer un MMORPG en 3D que rivalice con WoW. Esas cosas en las que podrías trabajar si terminas trabajando en una gran empresa. Como proyecto de aprendizaje, aprenderemos algo mucho más parecido a los primeros días de los juegos de Nintendo.

Aunque esos juegos parecen bastante simples hoy en día, pronto descubrirá que en realidad son bastante difíciles de hacer, incluso con la tecnología a nuestra disposición hoy.

La razón por la que no nos volvemos móviles y desarrollamos para computadoras de escritorio es el resurgimiento de los juegos 2D y de 16 bits. Hoy en día, hay más y más juegos en el mercado que intentan capturar esa sensación de la vieja escuela. Por lo tanto, un lenguaje más lento como Ruby no tiene tantas desventajas.

La mayor ventaja de Ruby es que es simple y fácil de aprender. No necesitarás dedicar años de tu vida para entenderlo. De hecho, lo guiaré a través de la programación Ruby simple en este libro. Sería ideal si también aprendieras algo de Ruby, ya que nos centraremos principalmente en las bibliotecas que se usan aquí, en lugar de darte un tutorial completo de Ruby (ya que es un libro completamente diferente).

Con que empezaremos

Esta es la pregunta con la que debes comenzar cada vez que comienzas a hacer un juego. Necesita tener un plan detallado de lo que quiere construir exactamente. Si comienza con un concepto simple y sigue presionando, pronto tendrá demasiadas características para desarrollarlas todas.

Si has programado antes, ya sabrás cómo hacer un juego de Tic Tac Toe, y ese es el tipo de objetivo que quieres. No desea un conjunto vago de características; en cambio, desea un esquema simplificado de su juego.

Primero, comencemos con los gráficos que crearemos. Descartaremos los gráficos 3D de inmediato por una trifecta de razones:

1. Aumenta innecesariamente la complejidad y el alcance del juego en sí.

2. Es bastante difícil optimizar los gráficos 3D en Ruby.

3. Si desea programar con gráficos 3D, necesitará un libro nuevo que sea un par de veces este tamaño.

Entonces, iremos con gráficos 2D, pero ¿qué tipo de 2D será? Una vez más, lo reducimos a algunos candidatos principales:

1. Un juego de proyección paralelo, a la Chrono Trigger.

2. Un juego de arriba hacia abajo, como los primeros juegos de la serie Legend of Zelda.

3. Un desplazamiento lateral como las primeras entradas de la serie Castlevania.

Ahora, la proyección paralela es la más difícil de estas y se muestra bien en juegos como Fallout 2. El problema es que requiere arte detallado para verse decente, por lo que tendríamos un momento bastante difícil si comenzáramos con ella.

Una vista de arriba hacia abajo te da mucha libertad y puedes explorar muchas direcciones en el juego. No requiere demasiados detalles, ya que las cosas tienden a verse bastante simples desde arriba.

Finalmente, los scrollers laterales como Super Mario Bros son un poco difíciles de hacer bien, ya que involucran cosas como saltar. Sin embargo, no hay mucho espacio para explorar, ya que solo puede ir de izquierda a derecha (o de derecha a izquierda).

Si optamos por la perspectiva de arriba hacia abajo, entonces tendremos una oportunidad de hacer que el mundo de nuestro juego sea vasto, con muchas áreas para explorar. Los gráficos y la mecánica simples son exactamente lo que necesitamos.

Si optamos por un desplazamiento lateral, tenemos menos contenido que necesitamos hacer. Sin embargo, debemos prestar mucha más atención a las animaciones y la física, y no queremos eso.

La biblioteca de Gosu

Ahora, muchos programadores de juegos principiantes se preguntan si deberían implementar todos los elementos del juego por sí mismos o usar algunos modelos básicos con algunas de las funciones más comunes incorporadas.

La respuesta a esto es que depende, a veces puede valer la pena desarrollar toda la plataforma usted mismo. Sin embargo, este no es uno de esos momentos. En lugar de enseñarte cómo implementar todo en el juego codificándolo, usaremos algunas bibliotecas existentes.

El problema más importante de implementar todo usted mismo es que, si aún no tiene experiencia, es probable que simplemente vuelva a implementar una biblioteca de juegos que ya existe. No habrá mucha demora antes de que llegue al punto de necesitar una interfaz para poner sus gráficos en orden.

Entonces digamos que quieres portar el juego a Linux. ¿Prefieres rehacer el juego o que la biblioteca lo haga por ti?

La buena noticia sobre el uso de una biblioteca es que podremos terminar de manera relativamente oportuna. Si eres rápido, podrías terminar con tu primer juego en tan solo una semana. Luego, incluso después de que hayamos terminado, podrás portar tu nuevo juego a otros sistemas operativos como Mac y Linux.

Ahora, la mejor biblioteca para usar, en mi opinión, es Gosu. Es simplemente así de adelantado al resto de las bibliotecas de desarrollo de juegos de Ruby. También tiene una comunidad amplia y floreciente en caso de que necesite ayuda en el futuro.

Puede encontrar las instrucciones sobre cómo instalar la biblioteca de juegos Gosu en su sitio web.

¿Qué tipo de juego haremos?

Por lo tanto, elegir el tema de tu juego es un aspecto crucial para hacerlo. El tema debe ser algo que disfrutes y, sin embargo, algo que no empuje la mecánica demasiado lejos, para que puedas terminarlo.

Por ejemplo, probablemente he comenzado al menos 5-6 esfuerzos para hacer un MMORPG con un pequeño estudio. ¿Adivina cómo ha acabado cada uno de estos? Fallo catastrófico. A veces ni siquiera es un problema al final de la programación. Los gráficos también son cruciales, al igual que el marketing extenso y la compra de espacio en el servidor.

Claro, me encantaría hacer un juego en el que la gente pueda correr por un vasto mundo de juego, luchando contra otros jugadores como mejor les parezca e incorporando algunas mecánicas como el botín de todos contra todos y similares. A pesar de eso, me encuentro haciendo juegos más simples estos días.

Estos son juegos que son más simples de hacer y jugar; sin embargo, puedo terminarlos, en lugar de dejarlos en el infierno del desarrollo.

Entonces, ahora que tenemos nuestras expectativas establecidas, he decidido un primer proyecto apropiadamente desafiante para nosotros.

Es un juego arcade de disparos multidireccional. En este juego, tomarás el control de una nave espacial simple y luego deambularás por el área del juego tratando de matar a tantos alienígenas sin que te devuelvan el favor.

Ahora, podrías estar pensando, ¿no es esto básicamente Alien Invaders? Sí lo es. Implementaremos esa idea con un par de giros como nuestro primer juego. ¡Será divertido, agotador y estarás luchando contra los insectos antes de que te des cuenta!

Usaremos un subconjunto de gráficos que Csaba Felvegi proporciona de forma gratuita.

También le sugiero que obtenga un programa básico de edición de gráficos como GIMP para que pueda editar los sprites cuando lo desee (y querrá hacerlo).

Decir hola en gosu

Cuando comiencen todos los tutoriales de programación, comenzaremos con un programa simple de saludo mundial en Gosu. Debe tener un aspecto como este:

1 requiere 'gosu'

2

3 clases GameWindow <Gosu :: Window

4 def initialize ((ancho = 320, alto = 240, pantalla completa = falso)

5 super

6 yo. caption = 'Hola'

7 @mensaje = Gosu :: Imagen .. from_text (

8 yo, ¡Hola a todos! ¡Este es mi primer programa Gosu! ', Gosu.default_font_name, 30)

9 fin

10

11 def dibujar

12 @ message.draw (12, 12, 0)

13 final

14 fin

15

16 ventana = GameWindow.new

17 ventana.

Intente ejecutar este código. Debería ver un mensaje emergente con "¡Hola a todos! ¡Este es mi primer programa Gosu! "

Ahora, intentemos analizar lo que hemos hecho aquí.

Primero, ampliaremos Gosu :: Window usando nuestra propia clase, a la que llamaremos apropiadamente GameWindow. Lo inicializaremos como una ventana de 320x240 píxeles de tamaño. De esta manera, los gráficos no se estiran demasiado en la pantalla del reproductor.

Tomamos los parámetros super, width, height y full-screen de la clase Gosu :: Window y los colocamos en nuestra propia clase GameWindow.

Después, querremos establecer un título en nuestra ventana. Con la variable de instancia @message, generaremos una imagen a partir del texto "¡Hola a todos! ¡Este es mi primer programa Gosu! " utilizando Gosu :: Image.from_text.

Aquí queremos anular el método de dibujo Gosu :: Window #, ya que quiere volver a dibujar nuestra ventana de juego. En el método, queremos usar el comando de dibujo en la variable @message.

Luego, daremos un conjunto de coordenadas xey, que estableceremos arbitrariamente en 12. La profundidad o la coordenada z permanece en 0.

Coordenadas de la pantalla y elementos en movimiento con el teclado

Como hacen la mayoría de las bibliotecas, Gosu tratará x como el eje horizontal, mientras que yyz se tratan como el eje vertical y el eje de profundidad, respectivamente.

xey se miden utilizando píxeles, y el valor z es un número relativo a estos dos, que por sí solo no afecta a nada.

El origen del sistema de coordenadas de Gosu se encuentra en el píxel en la esquina superior izquierda de nuestra pantalla. Sus coordenadas son 0: 0.

El valor z es útil cuando 2 cosas se superponen entre sí. Digamos que quieres que un jugador pueda ejecutar un power-up. Cuando pones el valor z del jugador más alto que el potenciador, el jugador se coloca "encima" de él.

Para cada juego de Gosu, habrá una subclase Gosu :: Window. Esta subclase anula todos los demás métodos de devolución de llamada. Siempre que llame al método: window.show (), Gosu pasa por el bucle principal. Las devoluciones de llamada son abundantes y puede encontrarlas en GitHub de Gosu.

Empecemos a movernos

Ahora, comenzaremos a modificar nuestro primer programa para mover cosas en la pantalla. El código que estoy a punto de mostrarte imprimirá las coordenadas dadas de un mensaje, así como cuántas veces la pantalla que ves se volvió a dibujar con Gosu. También incorporaremos una función básica: podrá salir del programa presionando "Esc".

```
1 requiere 'gosu'
2
3 clases GameWindow <Gosu :: Window
4 def inicializar (ancho = 320, alto = 240, pantalla completa = falso)
5 super
6 self.caption = 'Este es mi movimiento'
7 @x = @y = 11
8 @ sorteos = 0
9 @buttons_down = 0
10 fin
11
12 def actualización
13 @x - = 1 si button_down? (Gosu :: KbLeft)
14 @x + = 1 si button_down? (Gosu :: KbRight)
15 @y - = 1 si button_down? (Gosu :: KbUp)
16 @y + = 1 si button_down? (Gosu :: KbDown)
```

```
17 fin
18
19 def button_down (id)
20 cerrar si id == Gosu :: KbEscape
21 @buttons_down + = 1
22 fin
23
24 def button_up (id)
25 @buttons_down - = 1
26 fin
27
28 def need_redraw?
29 @draws == 0 || @buttons_down> 0
30 fin
31
32 def dibujar
33 @ sorteos + = 1
34 @mensaje = Gosu :: Imagen.from_text (
35 self, info, Gosu.default_font_name, 12)
36 @ mensaje.draw (@x, @y, 0)
37 fin
38
39 privados
```

40

41 def info

42 "[x: # {@ x}; y: # {@ y}; dibuja: # {@ dibuja}]"

43 final

44 fin

45

46 ventana = GameWindow.new

47 ventana.

¡Intenta ejecutarlo! Verá un mensaje impreso que le indicará que podrá moverse con las teclas de flecha.

Usamos el método GosuKb para declarar una entrada de teclado. Cada una de las teclas del teclado responde a un método GosuKb independiente.

Capítulo Cuatro

Es hora de empezar correctamente

En este capítulo, comenzaremos y terminaremos su primer juego. Has aprendido los conceptos básicos de Gosu y profundizaremos un poco más en eso. También repasaremos algunos lugares donde puede obtener gráficos atractivos para sus proyectos de forma gratuita. Después de todo, no querrás pagar por tus carreras de práctica.

Entonces, comencemos:

Primero, crearemos una joya de Rails simple. Su nombre será "ShootyShoot"

usuario @ computadora: ~ $ bundle gem shootyshoot

Esto creará una estructura básica para nosotros:

.

+ - lib

+ - juego de nave espacial

   + - version.rb

+ - juego de nave espacial.rb

+ - papelera

Gemfile

Rakefile

README.md

...

spacehip_game.gemspec

Para almacenar todos los activos que usaremos, incorporaremos más carpetas al proyecto. El primero de ellos será la carpeta de todos nuestros activos. Dentro de él, tendremos una composición compleja de carpetas que recuerda algo a esto:

bienes

+ - accesorios

  + - sonido.wav

  + - music.wav

  + - ...

+ - fuentes

  + - custom_font.svg

+ - imágenes

+ - fondos

  + - sprites

  ...

+ - lib

+ - shootyshoot

  + - version.rb

+ - shootyshoot.rb

+ - papelera

Gemfile

Rakefile

README.md

...

shootyshoot.gemspec

Podemos obtener todos los gráficos que vamos a utilizar en este proyecto en http://opengameart.org/ . Notará que la mayoría de estos no son los gráficos de vanguardia que verá en la mayoría de los títulos AAA. Sin embargo, tampoco tiene que pagar por ellos, y hay suficiente para cualquier tipo de proyecto que desee comenzar.

Ahora bien, como hemos dicho, cualquier proyecto de Gosu comenzará con una clase derivada de Gosu :: Window. Lo más pequeño que podemos hacer es algo como esto:

```
requiere 'gosu'
clase GameWindow <Gosu :: Window
  def inicializar
    super 330, 330
    self.caption = "La cosa más pequeña"
  fin


  def actualizar
```

```
    fin

    def dibujar
    fin
  fin
  window = GameWindow.new
  window.show
```

Primero, inicializamos la clase base, que siempre es Gosu :: Window. Luego, usamos nuestros parámetros para hacer la ventana de 330x330 píxeles. Por último, subtitulamos la ventana (la leyenda es lo que ves en la barra de título) como "The Smallest Thing". Finalmente, puede hacer que la ventana pase a pantalla completa de manera bastante simple, todo lo que necesita hacer es ingresar ": fullscreen => true" después de haber ingresado su ancho y largo.

Los métodos update () y draw () son reemplazos del método Gosu :: Window. update () se usa, de forma predeterminada, (o en la jerga de Ruby: se llama) 60 veces por segundo para garantizar que tu juego pueda ejecutarse al menos a 60FPS. Esta parte contendrá la mayor parte de la lógica de tu juego, como colisiones, movimiento y similares.

draw () generalmente viene después de esto y se llama cada vez que necesitamos volver a dibujar la ventana por cualquier otro motivo. En caso de que el FPS de tu juego sea bajo, este es el método al que debes culpar. Al desarrollar, busque minimizar la cantidad de veces que llama a este método.

Luego, usaremos el método show (), que tiene la tarea de mostrar al jugador lo que está sucediendo en la pantalla.

Finalmente, el método close () se usa para cerrar el juego en sí.

Agregar imágenes

```
requiere 'gosu'
clase GameWindow <Gosu :: Window
  def inicializar
    super 330,330
    self.caption = "Nuestra primera creación impía"
    @background_image = Gosu :: Image.new ("donde /
your_image.png",: tileable => true)
  fin
  def actualizar
  fin
  def dibujar
    @ background_image.draw (0, 0, 0)
  fin
fin
window = GameWindow.new
window.show
```

Este es el primer paso que tendremos que dar antes de agregar imágenes. El método Gosu :: Image # initialize tomará dos argumentos. Estos serán el nombre de su archivo y el hash de sus opciones, si lo hay.

El comando: tileable => true se usa para decir que las imágenes que colocaremos son imágenes de fondo. Estas son las fichas sobre las que volará nuestra nave espacial.

El método Gosu Image toma el nombre y un hash de opciones de cualquier archivo. Luego puede configurar la imagen como mosaico o no usando: tileable => true para crear un mosaico de fondo.

Entonces, como recordará, el método draw () se usa para dibujar todo, por lo que lo usamos para crear nuestra imagen de fondo.

Los jugadores necesitan moverse

Ahora, como habrás notado, nuestro juego actual no te permite moverte. Como ya hemos aprendido cómo tomar entradas de teclado, eche un vistazo al siguiente código;

```
clase de barco
  def inicializar
    @image = Gosu :: Image.new ("tu_imagen.bmp")
    @x = @y = @vel_x = @vel_y = @angle = 0.0
    @puntuacion = 0
  fin


  def warp (x, y)
    @x, @y = x, y
```

```ruby
fin

def left_turn
  @ ángulo - = 5
fin

def giro_derecha
  @ ángulo + = 5
fin

def acelerar
  @vel_x + = Gosu :: offset_x (@angle, 0.4)
  @vel_y + = Gosu :: offset_y (@angle, 0.4)
fin

def moviendo
  @x + = @vel_x
  @y + = @vel_y
  @x% = 330
  @y% = 330

  @vel_x * = 0,89
  @vel_y * = 0,89
```

fin

    def dibujar
      @ image.draw_rot (@x, @y, 1, @angle)
    fin
  fin

Vamos a ver. Ship # accelerate toma lo que todos odiamos en la escuela secundaria y lo usa para el desarrollo de juegos. Las funciones offsetx / y son casi las mismas para las que podría usar seno o coseno. Pongamos un ejemplo. Si tuviéramos algo que se mueve 50 píxeles en un ángulo de 20 grados, entonces la distancia que se mueve sería offset_x (50,20) horizontalmente, así como un offset_y (50,20) verticalmente.

Ahora, dado que el origen de nuestro sistema de coordenadas en la esquina superior izquierda es bastante poco intuitivo, usamos el método draw_rot para poner el centro de la imagen en las coordenadas (x, y).

Nuestro jugador se dibujará con su coordenada z como 1, lo que los hará pasar al fondo.

Usemos esa clase

    clase GameWindow <Gosu :: Window
      def inicializar
        super 330,330
        self.caption = "Juego de nave espacial"

```ruby
    @background_image = Gosu :: Image.new ("Location.png",:
tileable => true)


    @player = Ship.new
    @ player.warp (160, 120)
  fin


 def actualizar
   si Gosu :: button_down? Gosu :: KbLeft o Gosu ::
button_down? Gosu :: GpLeft luego
     @ player.turn_left
   fin
   si Gosu :: button_down? Gosu :: KbRight o Gosu ::
button_down? Gosu :: GpRight entonces
     @ player.turn_right
   fin
   si Gosu :: button_down? Gosu :: KbUp o Gosu ::
button_down? Gosu :: GpButton0 luego
     @ player.accelerate
   fin
   @ player.move
 fin
```

```
def dibujar

  @ player.draw

  @ background_image.draw (0, 0, 0);

  fin


  def button_down (id)

   si id == Gosu :: KbEscape

     cerca

    fin

   fin

 fin

 window = GameWindow.new

 window.show
```

Ahora, la función Gosu :: Window le ofrece dos funciones miembro que puede usar, que se suelen anular. Estos son button_down (id) y button_up (id). Ambos se utilizan para obtener comentarios en función de si se presionan los botones. Las funciones miembro update () se utilizan para cambiar las cosas cuando se modifican estos parámetros.

Agregar sonido y texto

Un juego no es un juego sin efectos de sonido y texto emergente que le indica cuándo se enciende un poco más. Con Gosu, podríamos lograrlo así:

Ahora déjame mostrarte un ejemplo de cómo agregar fuentes adicionales a nuestro juego usando la biblioteca Gosu.

```
jugador de clase

  attr_reader: score

  def inicializar

    @font = Gosu :: Font.new (30)

    @image = Gosu :: Image.new ("any_media.bmp")

    @beep = Gosu :: Sample.new ("any_media_sound.wav")

    @x = @y = @vel_x = @vel_y = @angle = 0.0

    @puntuacion = 0

  fin

  # Puedes poner un código para activarlo aquí

  def collect_stuff (cosas)

   cosas.rechazo! hacer | cosas |

     si Gosu :: distancia (@x, @y, estrella.x, estrella.y) <20 entonces

       @puntuación + = 5

       @ any_media_sound.play

       cierto

     más

       falso

     fin

   fin
```

fin

  fin

Ahora tiene un sistema que reproduce un sonido de su elección cada vez que selecciona algo que ha elegido. En el código, lo hemos llamado "cosas" y hay "any_media" escrito para cualquier lugar donde tenga que agregar el suyo.

Atarlo todo junto

Ahora, después de haber probado todos estos ejemplos de código por separado, aún tendrá que profundizar un poco más para reunirlos todos. La idea esencial del desarrollo de juegos de Gosu es que necesitas crear una clase para cada uno de los recursos que tienes en tu juego, como ventanas, sprites, jugadores, etc. Haz esto en la clase principal de tu proyecto (para mí, eso es lib / spaceship_game.rb) una vez que lo tengas, deberías requerir todos los archivos y hacer que haga algo como esto:

```
requiere "juego de nave espacial / versión"
requieren "juego de naves espaciales / sprites"
requiere "juego de nave espacial / balas"
requiere "juego de naves espaciales / naves"
requiere "juego de nave espacial / enemigos"
requiere "juego de nave espacial / juego"
módulo SpaceshipGame
  def self.init
    empezar
```

```
$ juego = SpaceshipGame :: Game.new
$ game.begin!
Interrupción de rescate => e
pone "Este es un mensaje de error ... parece que alguien se
equivocó".
fin
fin
fin
```

```
SpaceshipGame.init
```

Después de esto, querrás crear una carpeta bin como bin / spaceship_game.rb donde ejecutarás el juego. Use este código para eso:

```
#! / usr / bin / env ruby
ENV ['BUNDLE_GEMFILE'] || = File.expand_path ('yourpath / yourpath / Gemfile', nameofyourfile)
requiere 'paquete / configuración'
require_relative "../lib/spaceship_game.rb"
```

Este último archivo debe ser un archivo ejecutable.

Cuando hayas terminado con esto, ¡ejecuta tu juego básico! Ese es uno de los juegos más simples que podrías hacer en Gosu. Sin embargo, lo ha hecho usted mismo.

Algo un poco diferente

Ahora, separemos a Gosu por un segundo y echemos un vistazo a los juegos de rol basados en texto. Suelen denominarse MUD. También son multijugador, lo que permite que varias personas coexistan en el mismo mundo de juego.

Crear un MUD es una gran prueba de las capacidades de desarrollo de tu juego. Implica no solo hacer una historia, sino también crear un juego a partir de un texto simple. En mi opinión, si puedes crear una divertida aventura en MUD, entonces tienes todo lo que necesitas para convertirte en un buen diseñador de juegos.

Entonces, ¿cómo se hace para crear un MUD? Bueno, aquí hay una versión relativamente simple de uno:

requiere 'ruby_mud'

Los controladores se utilizan para definir todas las acciones en el juego,
El servidor establece nuevas conexiones por defecto
en OurServer :: DefaultController.
clase OurServer :: DefaultController

  # La función on_start siempre se llamará cuando alguien ingrese un controlador.
  #
  def on_start
    # Puede usar send_text para enviar mensajes.

```
    send_text "¡Hola! Estos son los comandos que tienes en este
MUD"

    send_text "HORA: Mira qué hora es".

    send_text "DIGA: Habla con la gente".

    send_text "SECRETO: Vete a un lugar secreto".

    send_text "SALIR: Deja de jugar".
  fin

#La seguridad hace que tenga que incluir en la lista blanca todos
los comandos disponibles para el usuario
 def métodos_permitidos

  super + ['tiempo', 'secreto', 'decir'] # Salir siempre está
disponible`
  fin

# Después de un comando, la entrada del usuario se define a
través de `params`.

 definitivamente decir

  send_text "Hablaste diciendo: # {params}"
 fin

 def tiempo

  send_text "Oh, ¿quieres saber la hora? Bueno, es #
{Time.now} tonto"
 fin

#La gente va a diferentes menús usando transfer_to

 definitivamente secreto
```

```
    transfer_to PokerRoom # Esto define la sala de póquer.
  fin
fin

# Un ejemplo de otro controlador / subjuego / menú.
class PokerPlay <OurServer :: AbstractController # se heredan
los controladores.
  def on_start

    send_text Te encuentras en una habitación en sombras,
rodeado de cartas de póquer y una figura frente a ti. No puedes
distinguir su rostro. Sin embargo, tienen un cartel que dice: "¿Te
gustaría jugar al póquer?"

    send_text 'Escriba DEAL para obtener una mano de cartas.'
  fin


  def métodos_permitidos
    ['salir', 'trato']
  fin


  def trato

    send_text '¿Poker? ¿Quién sigue jugando al póquer?
ESTAMOS RODANDO LOS DADOS '

    send_text "Tus dados subieron a # {rand (5) +1}".
  fin
```

```ruby
fin

servidor = MudServer.new '0.0.0.0', '4321'

server.start # Acepta cualquier conexión entrante

pone 'Haga clic en entrar si desea salir'.

server.stop si gets.chomp
```

Ahora, ¿puedes hacer una historia interesante como esta? ¿Puede un juego como este tener una jugabilidad interesante? Estos son algunos elementos de diseño de juegos que pueden ser bastante difíciles de definir, así que lo veremos en el próximo capítulo.

Después de eso, procederemos a crear otro juego simple. Esta vez, intentaremos combinar todos los conocimientos que tiene hasta ahora. En lugar de que yo te dé un código y tú lo entiendas, te daré ejercicios para que cumplas.

Pero por ahora, siéntete contento con solo mirar el código anterior. Es bastante simple, pero también bastante poderoso. No lo considere simplemente una reliquia obsoleta del pasado. Muchos de los mismos principios que se aplican a la codificación de un MUD como este se aplican a la codificación de un juego de rol más moderno.

No descartes el valor que te puede aportar la creación de un juego como este. Intente expandirlo. ¿Quizás intentar hacer un sistema de combate simple dentro de él?

Si desea continuar con el camino de usar Ruby para crear juegos de rol simples, le sugiero que eche un vistazo al capítulo siete, donde revisamos RPG Maker, una de las formas más fáciles de crear un juego de rol en 2D.

Capítulo Cinco

Hacer el juego divertido

En este capítulo, tomaremos un pequeño descanso de la programación para ayudar a asimilar todo lo que ha aprendido. En su lugar, analizaremos los elementos del diseño del juego. Buscaremos formas no solo de hacer que su juego funcione correctamente, sino también de que sea entretenido para el jugador. Básicamente, esa es la mayor diferencia entre un juego y una aplicación simple: un juego debe ser divertido de jugar.

Ahora, es notable que no necesariamente necesite conocer estas prácticas en todos los trabajos de programación de juegos que existen. Algunos pueden querer que te sientes y hagas tu trabajo; sin embargo, incluso en ese tipo de empresa, todavía se puede ganar valor al saber cómo hacer un juego correctamente. Puede hacer comentarios en las reuniones de la empresa y crear un mejor código pensando en la diversión.

Si sabe estas cosas, le resultará mucho más fácil seguir la visión de los diseñadores de juegos, así como darles comentarios útiles sobre sus ideas. Entonces, dicho esto, profundicemos en algunos de los mayores errores de diseño de juegos que puede cometer.

1. Hacer que el jugador pierda fuera de la pantalla

Las caídas de la gloria pueden ser divertidas de ver. A veces, es divertido ver a un antiguo dios recuperar el poder que perdió. Habiendo dicho eso, mantén esto al principio del juego.

Puede que esto te suene familiar: estás en la cima del mundo, los enemigos caen por docenas a izquierda y derecha. Tienes una escopeta y una bolsa llena de munición. Las hordas vienen directamente hacia ti, y las estás derribando a todas. Entonces, de repente, comienza una cinemática.

El villano principal comienza a lamentarte. Todas las habilidades que habrías tenido si estuvieras controlando a tu personaje se vuelven irrelevantes, ya que pierden rápidamente, sin que puedas hacer nada al respecto.

Este es un mal diseño (especialmente en juegos centrados en el combate) porque arruina la fantasía de poder que has creado cuidadosamente para el jugador. Tenga en cuenta que esto no se aplica solo a los juegos de combate; *Obligar* al jugador a perder sin su participación en el medio del juego no es una buena idea y no te hará ganar puntos.

2. Forzar el combate donde no corresponde

A todos nos encanta el combate. La lucha en los juegos es tan frecuente que hay géneros enteros dedicados a golpear a la gente. Diablos, los MOBA son esencialmente solo una gran pelea.

Dicho esto, eso no significa que todos los juegos necesiten combate. Algunos juegos se juegan de manera bastante diferente. Por ejemplo, uno de los mayores éxitos de 2020, Animal Crossing: New Leaf no incluye ningún combate. ¡El colmo de la violencia dentro del juego es capturar un error en una red!

A pesar de eso, el juego ha logrado dominar el mercado internacional debido a su linda estética y excelente personalización. La popularidad de este juego es una de las principales razones por las que Nintendo Switch se agotó durante un mes sólido.

3. Fragmentos de historias que no se pueden omitir

Los fragmentos de la historia, ya sean diálogos o escenas, son geniales: son un portal a la historia de tu juego y debes prestar mucha atención a que los conviertas en divertidos y entretenidos para el jugador. Sin embargo, a algunos jugadores simplemente no les importa.

Hay jugadores que juegan juegos exclusivamente para el juego. Para las escenas de corte, tenemos películas y para los diálogos, tenemos novelas. Al final, lo único que separa a los juegos de estas dos formas de medios es la jugabilidad, por lo que no es sorprendente que algunas personas lo busquen.

Esto no quiere decir que no debas *hacer* una historia. Diablos, SuperGiant Games esencialmente ha hecho todo su estudio basado en juntar historias y juegos. Dicho esto, debes asegurarte de que los jugadores a los que no les importa no tengan que experimentarlo.

4. Olvidarse de adaptarse a los jugadores con discapacidad

Casi el 5% de la población mundial es daltónica. Si tiene en cuenta el hecho de que el daltonismo es más común en los hombres (que son más propensos a jugar), encontrará que entre el 5 y el 7% de su base de jugadores potenciales es daltónico.

Si olvidas incluir una configuración daltónica en tu juego, estarás alejando a esos jugadores de tu juego. Ni siquiera requiere mucho esfuerzo tener una configuración que cambie algunas paletas de colores.

Lo mismo ocurre con los jugadores sordos. Tu juego no debería tener exclusivamente efectos de audio. Asegúrese de que cuando se reproduce el audio, algo esté sucediendo en la pantalla y que un jugador sordo pueda detectar.

6. Elaboración poco intuitiva

Los sistemas de artesanía son extremadamente populares en estos días. Con más y más juegos que incorporan cada vez más complejos sistemas de creación, es más importante que nunca asegurarse de que el suyo esté a la altura.

Claro, a algunos jugadores les gusta descubrir recetas experimentando con una variedad de ingredientes diferentes. Por otro lado, la mayoría de los jugadores no quieren hacer esto. A continuación, sus jugadores se conectarán y buscarán respuestas en Internet.

No solo es irritante estar constantemente fuera del juego, sino que también reduce el tiempo de juego de tu jugador. Tener una opción para un glosario en el juego de todos los ingredientes de elaboración es una manera fácil de evitar esto. También puede tener una opción que lo desactive para los jugadores que quieran experimentar.

7. Patrones de juego repetitivo

Este es un pecado que a muchos nuevos roguelikes les gusta cometer. Luchar contra una horda de 100 goblins solo puede ser divertido las primeras tres o cuatro veces; sin embargo, después de eso, simplemente se vuelve tedioso.

Esto se aplica a casi todo. No quieres que tus jugadores vean las mismas cosas muchas veces. Las animaciones comunes deberían tener una opción para desactivarlas. En algún momento, simplemente se vuelve tedioso de mirar.

Esto es aún peor para los juegos diseñados para jugarse repetidamente, como roguelikes o juegos de rol con muchos finales. Estos juegos deben asegurarse de que no solo su juego principal sea adictivo y divertido, sino que tengan suficientes desafíos variados para que el jugador no se encuentre con los mismos cien veces.

8. Tener "¿Está seguro?" mensajes que no puedes deshabilitar

Descubrirá que muchos de estos pueden simplemente reducirse a "no hacer que su jugador experimente cosas tediosas". Todos hemos jugado un juego o dos que nos mostraron una advertencia antes de que quisiéramos hacer algo demasiadas veces.

Algunos juegos simplemente parecen pensar que los jugadores no tienen control sobre sus cuerpos. Mi mano del mouse nunca se volvió loca y comenzó a hacer clic aleatoriamente en la pantalla. Si desea incluir una casilla que le pregunte a su jugador si quiere hacer algo, simplemente incluya una casilla de "no volver a preguntar" que pueda marcar.

Por ejemplo, esto es muy común cuando haces clic para iniciar un nuevo juego en un juego que tiene un solo archivo guardado (por cierto, no deberías tener un solo archivo guardado). Es posible que estés pensando que no hay nadie que quiera jugar. un juego nuevo tantas veces que se molestan por eso. Sin embargo, los corredores de velocidad no estarían de acuerdo contigo.

9. Cambiar el orden de "Continuar" y "Nuevo juego".

Continuar siempre va primero. Este es un problema bastante pequeño, sin embargo, es fácil de solucionar y podría ayudarlo a retener un 1-2% adicional de jugadores. Lo más probable es que su jugador esté ansioso por jugar cuando se haya sentado a través de la introducción que consta de 5 millones de logotipos de editores / fabricantes diferentes . Ahora, si presionan lo primero que aparece y eso borra su guardado ... ¿qué probabilidades hay de que presionen el atajo de tu juego nuevamente?

10. No prestar suficiente atención al diseño del mapa

Los mejores mapas que existen son aquellos que ayudan al jugador a ir de A a B sin gastar demasiado esfuerzo, sin dejar de tener un amplio espacio para explorar. Si has diseñado bien tu mundo de juego, cada paso que dé el jugador se sumará a su viaje.

Si diseña mal su mapa, a cada paso que den, se preguntarán "dónde diablos está este lugar". Y puede dejarlos con comezón muy cerca del botón "Salir".

Como caso de esto, veamos la serie Dark Souls. El primer juego de Dark Souls es cómodamente uno de los mejores juegos jamás creados. Tiene una excelente estructura mundial, así como un diseño de mapa sofisticado e inspirado. Cada zona pasa sin problemas a la siguiente; esto hace que el mundo de Lordran se sienta real, a pesar de que está poblado por horrores sobrenaturales, monstruos y gente lanzando hechizos por todas partes.

Por otro lado, Dark Souls 2, aunque es un buen juego, falla en esto. No me malinterpretes; las ubicaciones individuales están bien diseñadas por sí mismas. Sin embargo, cuando los incorporas a un todo, se sienten separados, casi como si estuvieran en guerra consigo mismos. Encontramos el ejemplo más puntuado de esto en la diferencia entre Earthen Peak y Iron Keep. Aquí, comienza atravesando un complejo laberinto de molinos de viento y túneles llenos de veneno, solo para terminar en un castillo rodeado de lava.

11. Sin considerar las partidas guardadas

Si tiene sus partidas guardadas vinculadas a ubicaciones, es mejor que haya una razón para ello. Volviendo al ejemplo de Dark Souls, tiene ubicaciones de partidas guardadas porque es un juego que disfruta siendo difícil.

Si no está planeando algo como esto, quiere que el jugador tenga la capacidad de guardar con la mayor frecuencia posible. Si bien ahorrar en medio de un evento importante puede significar problemas desde el punto de vista de la programación, nada te impide dejar que el jugador guarde cuando está inactivo en el mundo del juego.

12. NPC que el jugador necesita seguir, pero son excesivamente lentos o rápidos

Esta es una de las pocas cosas que me pueden hacer dejar un gran juego. Si yo gobernara el mundo por un día, todas estas personas recibirían la pena capital.

Al realizar una "misión de seguimiento", que es básicamente una misión en la que el jugador necesita seguir a un NPC por todo el mundo del juego en busca de algo, asegúrese de que tengan la misma velocidad.

Si el jugador está pasando por delante del NPC, se frustrará al tener que esperar a que regrese. Si el NPC es más rápido que el jugador, constantemente tendrá que ponerse al día y preguntarse qué están haciendo mal.

¿Por qué la mujer que rescataste del abrazo mortal de la Reina Araña en Diablo 3 no puede simplemente caminar a un ritmo más rápido que una estrella de mar por todo el mundo del juego? Quién sabe, pero sé que el juego recibió algunas críticas negativas en Steam por eso.

13. Tener un botón "Salir" que en realidad no abandona el juego.

Si su jugador presiona un botón que dice "Salir", "Salir" o algo similar, entonces espera ser recibido por su escritorio a continuación. No esperan que el juego vaya al menú principal y espere a que salgan nuevamente. Esto es aún peor junto con pantallas que te preguntan si estás seguro de que quieres dejar el juego.

Hicieron clic en "Salir" y están seguros de que quieren ir a otras cosas. No hagas que los jugadores recurran al administrador de tareas o similares para tomar un descanso de tu juego.

14. Curvas de dificultad extrañas

Un juego debe comenzar en una dificultad establecida y luego mantenerla o volverse más difícil a medida que pasa el tiempo. Si el juego sigue teniendo la misma dificultad, deberías esperar que tus jugadores superen fácilmente el contenido del juego final.

En cambio, si haces que el juego se vuelva progresivamente más difícil, el juego seguirá siendo un desafío mientras tu jugador mejore. Por lo general, debes asegurarte de que el juego se vuelva más difícil un poco más lento porque aún quieres que tu jugador tenga esa sensación gratificante.

Sin embargo, lo que no quieres es que el juego alterne entre ser fácil y difícil en intervalos aparentemente aleatorios. Hacer esto deja al jugador insatisfecho y sin saber si está mejorando.

15. Usar perspectivas o ángulos extraños

Este pecado es doblemente cierto para saltar. Por ejemplo, el salto en la serie Assassin's Creed está ligado a la posición relativa de la cámara de nuestro personaje principal. Esto a veces puede llevar a momentos extremadamente agitantes. En momentos como los retadores de salto de pilar, todo lo que puede hacer es rezar para que esté dando el salto correcto. También tienes que rodear el pilar de forma incómoda para asegurarte de estar alineado.

Y luego presionas saltar, solo para que tu personaje salte hacia atrás en un enorme agujero en el suelo. Verificar cómo se sienten las mecánicas básicas como saltar es parte integral de cada proceso de diseño de juegos.

Debes saber que tus jugadores experimentarán cada uno de tus contratiempos en estas áreas y no entenderán las cientos de horas que pasaste creando el juego.

Además, usar una perspectiva no estándar puede resultar bastante desagradable para muchos jugadores. Incluso usar una perspectiva no estándar para el género es bastante arriesgado. Por ejemplo, el MOBA Smite centrado en Dios podría haberse vuelto un poco más popular si hubiera adoptado los mismos ángulos de cámara que usan sus primos League of Legends y DOTA 2.

Entonces, ¿qué debo hacer entonces?

En esta sección, repasaremos algunas cosas que debes hacer cada vez que estás creando un juego. Así como algunas mejores prácticas y cosas a tener en cuenta.

Tenga en cuenta que todo esto se puede cambiar. La industria del juego se parece mucho a la moda; Algunas cosas que creo que son absolutamente atroces en este momento podrían estar de moda en 2025.

En lugar de ceñirte a la letra de la palabra, trata de tener en cuenta el espíritu con el que fueron concebidos y el momento en que fueron escritos.

1. Encuentre su mayor argumento de venta

Podrías pensar que la jugabilidad, la historia, los personajes y todos los elementos de tu juego son perfectos. A pesar de esto, debes encontrar uno de estos elementos y asegurarte de perfeccionarlo.

Este es el "gancho" de su juego y su mayor atractivo de venta. Por ejemplo, Darkest Dungeon tiene mecánicas profundas e intrincadas, una historia excelente e incluso personajes divertidos. A pesar de todo eso, la mayoría de los avances se centran en la atmósfera oscura y sobrenatural que ofrece el juego, al tiempo que innovan con la mecánica.

Encontrar un anzuelo no significa que debas tirar todo lo demás. Más bien, le ayuda a concentrarse en cuáles son las mejores partes de su juego.

2. No ignores el diseño de sonido

Que los juegos sean divertidos es simplemente irracional. Es como el disfrute de cualquier otra forma de arte; no hay una razón lógica para ello. Sin embargo, hay cosas que puede hacer para asegurarse de que su juego sea más fácil de disfrutar.

Mejorar el diseño de sonido de tu juego hará que tus jugadores se involucren mucho más con el juego. Si bien es posible que ni siquiera noten conscientemente las canciones y los efectos SFX en el juego, su subconsciente los detectará.

Volviendo al ejemplo de Darkest Dungeon, una buena parte de la fama del juego proviene de un hecho de aspecto bastante mundano: el narrador es genial. Eso puede parecer una cosa pequeña, pero cuando escuchas al narrador decir "La rabia bárbara y el salvajismo implacable son un aliado poderoso", descubres que todo ha valido la pena.

3. Asegúrese de que sus controles sean intuitivos

Hay algunas reglas no escritas de diseño de juegos. Como WASD que se usa para moverse hacia arriba, izquierda, abajo y derecha respectivamente. Si su esquema de control fue TFGH, entonces el jugador simplemente sentirá que algo está mal.

Ignorar estas convenciones es una forma infalible de alienar a una parte de tu base de jugadores. Además, incluso si ya lo estás cumpliendo, nunca es mala idea dejar que el jugador cambie sus controles como quiera.

4. No hagas que la IA sea demasiado estúpida ... o demasiado inteligente

Esta es una muesca extraña para cambiar. Es extremadamente fácil hacer que la IA de cualquier juego sea demasiado estúpida para su propio bien, en la misma línea, por lo general es muy fácil hacer que la IA sea tan buena que simplemente pisa fuerte al jugador humano.

Como ejemplo de esto, veamos Pong. En Pong, es fácil crear una IA que, literalmente, nunca perderá frente a un jugador humano. Para compensar esto, se utilizan retrasos. Por lo general, usa un retraso que es un poco más grande que el tiempo de reacción humano como mínimo, para darle espacio al jugador para actuar.

5. No se limite a copiar, destaque

Aunque hacer "Darker Souls: Las aventuras del juego difícil 3" puede parecer atractivo al principio, pronto notarás que no se está vendiendo tan bien como quisieras.

Esto se debe a que la industria del juego anhela constantemente la innovación. Los jugadores no solo buscan otra versión de un juego que ya han jugado. Buscan una experiencia similar, pero innovadora.

6. No muerda más de lo que puede masticar

Esto vuelve a nuestro punto anterior sobre un MMORPG 3D. Si está desarrollando un juego para sí mismo, debe asegurarse de que sea una hazaña que realmente pueda lograr. Ahora, no quiero ser un fiestero y decirte que no *puedes* hacer algo.

Por otro lado, debes ser realista contigo mismo. ¿Cuánto tiempo planeas dedicar al juego? ¿Qué tan grande es el equipo? ¿Qué experiencia tienen todos ustedes?

Todos estos factores tienen un gran impacto en lo bien que puede hacerlo como desarrollador de juegos. Si tienes un equipo pequeño que planea trabajar de 2 a 3 horas al día y recién está comenzando, no comiences con un juego de rol complejo de 100 horas de tiempo de juego. En cambio, es posible que desee comenzar con un juego de plataformas muy estilizado.

7. No caigas en la trampa de la mecánica

Cuando pensamos en juegos que han resistido la prueba del tiempo, rara vez pensamos en JRPGS hipercomplejos. Más a menudo, pensaremos en títulos como Sonic o Super Mario Bros.

Estos juegos no tienen demasiadas mecánicas a su favor. Diablos, en Super Mario Bros básicamente puedes correr, saltar y disparar (en ocasiones) y, sin embargo, es uno de los clásicos más grandes de nuestro tiempo, con juegos adicionales que salen cada año.

El hecho de que tu juego pueda tener más mecánicas no significa que deba hacerlo. Hacer que el juego sea correcto es mucho más importante que agregar alguna mecánica periférica oscura.

La hinchazón mecánica es algo real, y tus jugadores pueden sentirse incómodos jugando un juego con demasiadas mecánicas para considerar. Esto no solo puede hacer que el juego sea innecesariamente difícil, sino que también puede hacer que sea casi imposible de jugar.

8. Presta atención a las pequeñas cosas

Uno de los estudios de juegos independientes más exitosos de nuestro tiempo son los juegos SuperGiant, con juegos como Banner Saga, Hades: Battle Out of Hell y Transistor que reciben críticas alucinantes en la mayoría de las plataformas.

Entonces, ¿qué puedes aprender de este estudio? ¿Son simplemente narradores maestros? ¿Tienen el mejor arte que jamás haya aparecido en el mundo? ¿Quizás acaban de descifrar algún código secreto para un juego satisfactorio?

Si bien todos estos están en parte ahí, lo más importante que hacen es prestar atención a los detalles minuciosos. Por ejemplo, en Hades: Battle Out of Hell, hay cientos de líneas con voz completa para cada personaje. Un detalle que luego resulta relevante para la trama es el hecho de que el personaje principal siempre tiene los pies en el fuego.

Ahora, podrían haber hecho que sus pies se vieran rojos y así fuera. En cambio, deja diferentes huellas según el entorno en el que pisa.

Este no es un detalle necesario; sin embargo, esas pequeñas cosas te hacen apreciar mucho más el mundo del juego.

9. Acepta las críticas

Tu primer juego apesta. Sé que es difícil de escuchar, y sé que probablemente tengas docenas de ideas para mecánicas revolucionarias, pero simplemente apesta.

Mi primer juego también apestaba; incluso mi propio hermano no tuvo el corazón para fingir que le gustaba. ¿Y sabes qué? Eso está perfectamente bien. No necesitas hacer un primer proyecto perfecto para aprender de él.

Además, obtendrá ideas de él, ideas sobre cómo podría haber hecho mejor ciertas cosas. Al aplicar estas ideas, crecerá como desarrollador de juegos.

Cuando digo que debes aceptar las críticas, no me refiero solo a la variedad de "este juego apesta". Quiero decir que debes tomarte en serio las opiniones de tus jugadores; después de todo, es posible que no sepan por qué algo se siente mal, pero seguro que sentirán que sí.

Del mismo modo, si a los jugadores les gusta algo, ¡hazlo más! Tener más de algo bueno rara vez es malo, y muchos juegos pasan por un ciclo completo de re-desarrollo.

10. Consigue Playtesters

Puede ser fácil caer en la trampa de que no necesitas que nadie pruebe tu juego. Después de todo, sabrías si no fuera divertido, ¿verdad? Incorrecto.

Eres la persona que se ha dedicado a aprender a hacer juegos durante decenas de horas, solo para sumergirte en docenas más para crearlos. Esto no lo convierte en el más imparcial de los observadores. Idealmente, te encantará jugar tu juego, pero hay muchas posibilidades de que no. Después de todo, después de cierto punto es simplemente un trabajo.

Ahora, no estoy diciendo que nunca disfrutarás jugando tu juego, pero ciertamente habrá días en los que no podrás verlo.

Debido a esto, querrás probadores de juego. Estas son personas que jugarán el juego y te darán su opinión única y objetiva al respecto. De acuerdo, para las primeras pruebas, es posible que desee utilizar conocidos, amigos y familiares. Tenga en cuenta que no siempre son objetivos; sin embargo, lo harán si no tiene otra alternativa.

También sugiero encontrar gente para jugarlo en Internet. La gente en Internet siempre está dispuesta a escudriñar los esfuerzos de toda la vida de alguien.

11. Pruebe diferentes enfoques

Lo bueno de desarrollar juegos de forma independiente es que no tienes una fecha límite ajustada. Puedes probar cualquier cosa que creas que es divertida y no perder nada por ello.

Probar una variedad de cosas diferentes es una de las mayores ventajas de desarrollar un juego como actividad secundaria. Si encuentra que algo funciona muy bien, puede hacer más, o si descubre que algo no funciona bien, puede deshacerse de él.

Capítulo Seis

Los conceptos básicos de RPG Maker y la creación de un juego de rol

RPG Maker es un motor de juego diseñado para ayudarte a crear juegos de rol en 2D. La edición RPG Maker VX Ace es lo que usaremos para este tutorial. Es uno de los tipos más simples de RPG Maker y utiliza Ruby para arrancar.

La idea detrás de este capítulo es familiarizarte con RPG Maker e introducir algunas de las cosas que puedes hacer usando tus conocimientos de Ruby. Aunque seguro que puedes aprender RPG Maker por tu cuenta, hay una variedad de trampas y errores que, si bien alguien con experiencia los puede evitar fácilmente, es fácil para un principiante caer.

En caso de que decida no usar RPG Maker para crear un juego, la última parte de este capítulo aún le resultará útil, ya que analizaré lo que significa ser un juego de rol y también cómo diseñar uno correctamente.

En este capítulo, repasaremos suficiente material para que puedas crear un juego de rol 2D básico. Sin embargo, tenga en cuenta todo lo que ha aprendido del MUD.

Echándole un vistazo

Primero, echemos un vistazo a la estructura esencial del programa RPG Maker, así como también cómo cada parte interactúa con el resto.

La estructura de nivel más bajo a la que el motor le permitirá acceder es el RGSS3, también conocido como Ruby Game Scripting System. Está basado en Ruby con algunas ligeras modificaciones y rige todos los componentes del juego. Esto varía desde la forma en que se ejecutan las batallas, cómo se generan los mapas y cómo se mueven las cosas en la pantalla.

Ahora, es notable que al desarrollar en RPG Marker, ni siquiera tendrás que editar los scripts en sí la mayor parte del tiempo.

En cuanto a las funciones básicas de la plataforma RPG Maker, confío en que las aprenderá usted mismo en caso de que decida utilizarla para el desarrollo de su juego.

Los pros y los contras

Como cualquier otro método de desarrollo de juegos, el uso de RPG Maker tiene sus pros y sus contras. En esta sección, los repasaremos para determinar si tiene lo que estás buscando al crear tu juego.

Pros

- Le proporciona un esquema básico desde el que puede comenzar a trabajar en su juego. Viene con todos los conceptos básicos necesarios para crear un juego, como bucle, tiempo delta, entrada y ventanas.

- Está repleto de recursos prefabricados para que los use. Incluso tiene personajes, armas y otras entradas prefabricadas. Esto te da una plantilla que puede poner en marcha algunos de los procesos creativos para hacer tu juego.

- Es fácil de escribir en él. Después de todo, si ya conoce Ruby, entonces está casi listo para comenzar a crear scripts con él. Los comandos también son bastante simples, por lo que se familiarizará con ellos rápidamente.

- Es fácil de usar y te llevará a tu primer juego de rol rápidamente. Podrías pasar de cero a un juego de rol completo en tan solo un año.

Contras

- Hay pocas posibilidades de que ganes dinero. Aparte de un juego como To the Moon, es poco probable que ganes dinero con los juegos hechos en RPG Maker debido al estigma intrínseco que llevan consigo. Esto se debe a que muchos clientes desconfían de los juegos de RPG Maker debido a la facilidad de creación del juego.

- Básicamente, estás obligado a entrar en un sistema de batalla por turnos. No trabajarás con una estrategia similar a Diablo ni nada similar. Es Final Fantasy temprano o fracaso.

- Todos los mosaicos y personajes tienen tamaños de mosaico constantes, lo que significa que tendrás una personalización un poco menos artística.

- Le resultará más fácil acceder a un motor diferente en un momento determinado que seguir usando RPG Maker. Esto se aplica especialmente a los juegos más avanzados.

Entonces, esencialmente, RPG Maker es ideal para un proyecto de aficionado. Alternativamente, es genial si simplemente estás buscando aprender a desarrollar un juego de rol completo. Por otro lado, si tiene la intención de crear un juego de rol comercial y complejo, probablemente RPG Maker no sea el sistema que desea utilizar.

Ahora, si todo está bien contigo, entremos en algunas secuencias de comandos para principiantes.

Secuencias de comandos en RPG Maker

Antes de comenzar a crear secuencias de comandos, debe hacer una copia de seguridad de su juego. Después de todo, si estropea algo con sus retoques, querrá poder volver a dejarlo como estaba. Desafortunadamente, RPG Maker no resalta los errores de sintaxis, y uno o dos de ellos en el lugar incorrecto podrían hacer que el juego no se pueda jugar hasta que lo mires de nuevo.

Otro consejo que tengo es escribir todo en un archivo separado. Si está creando un nuevo monstruo, lo escribiría en otro archivo y luego lo probaría solo hasta que funcione. Solo lo copiaría y pegaría en

RPG Maker después, por lo que es menos probable que cometa un error de sintaxis.

Deberá comprender 3 componentes básicos de cómo puede introducir cosas nuevas en el juego de rol que está creando.

Se trata de la adición y modificación de clases existentes. El tutorial de Gosu te preparó bastante bien para esto, ya que casi todo en el motor RPG Maker se muestra como clases y se ejecuta como clases.

Puede crear nuevas clases para agregar nuevas funciones y ventanas a la lógica del juego. Alternativamente, podemos modificar las clases que ya existen para alterar el flujo de partes del juego.

También puede cambiar los eventos en el motor mediante el uso de métodos. Los métodos de Ruby a los que estás acostumbrado son útiles porque te permitirán poner tus pensamientos en papel al definir lo que hay dentro del juego.

A veces, esto puede acelerar el proceso de desarrollo porque no está trabajando demasiado con la interfaz visual, que es mucho más torpe que simplemente escribir scripts. Dicho esto, también hay ocasiones en las que la interfaz visual es más rápida, así que use su tiempo sabiamente.

Finalmente, hay interruptores y variables. Independientemente de si está modificando clases o llamando a métodos nuevos, necesitará una forma de generar datos a partir de esos cambios. Por lo general, esto se hace configurando interruptores o configurando variables.

Por lo general, los usaremos cuando codifiquemos el comportamiento de los NPC. Esto se aplica dos veces para enemigos como jefes de alto nivel, que reaccionan dinámicamente a las decisiones del grupo.

En caso de que todo lo que está jugando son las imágenes y la interfaz de usuario, todo lo que necesita saber es modificar las clases que ya están allí. ¿Quizás agregará un comando adicional a una ventana que ya está allí? Si lo hace, RPG Maker ejecutará ese código siempre que encuentre esa función.

En caso de que estés dando un paso más y hayas decidido usar código para hacer lógica en el juego, en ese caso querrás escribir métodos nuevos que se activan en Eventos y es posible que desees configurar Cambia para alterar algunas de las funciones más importantes del juego.

Si solo estás alterando las imágenes básicas del juego, te sugiero que te limites a jugar con las clases que ya están en su lugar. Como ejemplo de esto, podría agregar un aspecto adicional a una ventana que ya está allí.

Clases

Casi todas las funciones de RPG Maker son en realidad fragmentos de código Ruby. No hace falta decir que hay toneladas de este código. Afortunadamente, está bastante bien organizado.

Hay cinco grupos esenciales de clases:

1. **Objetos del** juego: los objetos del juego, a menudo denominados GO, son los bloques de construcción fundamentales del juego. Ellos determinarán todas las estadísticas, así como todas las mecánicas que pongas en el juego de rol. También tienen un papel en la estética del juego.

2. **Los sprites de los juegos de rol** : los sprites son el componente esencial de los gráficos y son el bloque de construcción fundamental de la estética de tu juego.

3. **El módulo** : están ahí para descubrir cuáles son las variables globales dentro del juego de rol, además de cómo puedes interactuar con el mundo del juego.

4. **Windows** : este grupo de clases define todos los menús y métodos de visualización de texto del juego.

5. **Escenas** : este grupo de clases se usa para determinar las fases del juego, así como las pantallas (por ejemplo, la pantalla del menú, la pantalla de combate y otras).

Dejame darte un ejemplo. Las clases en RPG Maker se titulan en el siguiente formato: (WhatKindOfObject) _ (WhatItDoes)

Debido a esto, las clases de motores tienden a ser bastante fáciles de manejar. El objeto de juego Game_Actor se utiliza para establecer el objeto de juego al que se refiere como actor. Suelen ser miembros del grupo del héroe o del propio héroe. Esto va más allá de otras clases que lo ayudarán a comprender lo que hacen a través de su nomenclatura.

Window_BattleStatus se usa para definir la ventana en la que se muestra el estado del grupo ... en batalla.

Cuando se acostumbre a esto, descubrirá que es extremadamente fácil modificar solo las partes que desea cambiar.

Las diferentes formas de datos

Si hay una parte de RPG Maker que desea cambiar, es probable que pueda hacerlo a través del lenguaje de programación Ruby. Esto también se puede hacer en tiempo real, lo que te permite monitorear el estado del juego en cualquier momento de su compilación.

Lo primero que veremos como ejemplo es un diseño simple de características de enemigo. El enemigo debería poder saber cuándo nuestro personaje usa un hechizo que llamaremos "Escudo". cuando se da cuenta de que el jugador lo ha usado, entonces usará su habilidad "Golpe penetrante" así:

1. Ingrese a la sección "Base de datos". Desde allí, navega hasta Tropas y escribe que debería suceder al final del turno.

2. En este caso, llamaremos a un método Ruby, comprobando a todos los miembros del grupo. Hacemos esto a través de la sintaxis especial de RPG Maker y el código Ruby tradicional.

3. Si detectamos que uno de los miembros de nuestro grupo tiene el ID de estado correspondiente a Shield (es decir, character.state? (17) es verdadero), entonces podemos hacer un cambio.

4. Ahora, navega de regreso a la carpeta de la base de datos y ve a los enemigos. Aquí tenemos que darle al enemigo la habilidad que planeamos usar. Es importante adjuntar a esto la condición de que el jugador haya usado Blindaje de antemano.

Usar variables y condiciones

Si está buscando una forma un poco más directa de interactuar con su código, la encontrará en variables establecidas y acciones de eventos de bifurcaciones condicionales. Estos no solo pueden llamar a un método, sino que también pueden usar su resultado de inmediato.

Entonces, digamos que quieres verificar si alguien en tu grupo tiene la habilidad Ataque sagrado (¿tal vez porque quieres darla como botín por derrotar a un jefe?) Podemos hacer esto agregando una rama condicional que luego llamará Ruby método para analizar las habilidades de nuestros personajes. En caso de que tengan Ataque Sagrado, el resultado será "verdadero" y si no tienen la habilidad, el resultado será falso.

Ahora, podría estar pensando "¡pero también podríamos hacer esto con interruptores!" Si bien eso es cierto, también puede hacerlo simplemente codificándolo en binario, pero Ruby lo hace más rápido.

Cualquier evento en RPG Maker tiene una acción de "Script" para todo uso. Esto es capaz de ejecutar cualquier código Ruby de forma libre, siempre que esté escrito correctamente. Esto difiere de las variables establecidas y las ramas condicionales porque simplemente no devuelve ningún dato al evento inicial.

Esta es la forma más sencilla de activar varios conmutadores / variables. Alternativamente, puede usar acciones de script para ejecutar cosas que son más rápidas de escribir manualmente que de acceder a través de la interfaz de apuntar y hacer clic.

Interfaz de usuario y ahorro

Como ya hemos considerado, las ventanas que ves dentro del juego se encuentran en algún lugar del código. Claro, no encontrará todo el código gráfico en él. Sin embargo, encontrará todo lo que define la ventana y su comportamiento.

En caso de que le guste agregar manuscritos adicionales y agregar o eliminar imágenes, es probable que desee cambiar una clase de Escena o Ventana. En estos casos, podrás modificar los comandos que están en pantalla, y no solo eso, también podrás cambiar lo que hacen los comandos.

Ahora, un aspecto crucial de las partidas guardadas en RPG Maker es que no pueden salvar el estado de tu mundo Ruby. Por ejemplo, si creó una nueva variable que rastrea cuántas manzanas ha recolectado un jugador. Digamos que recolectan 10 antes de guardar y salir; cuando vuelvan a entrar, encontrarán que tienen 0.

Para solucionar este problema, debe asegurarse de que todo lo que necesita para persistir entre guardados se encuentre dentro de $ game_switches o variables que se guarden de la manera correcta.

Ahora, todo esto todavía es bastante básico, sin embargo, le brinda una base para comenzar.

Si quieres dedicarte a RPG Maker más en serio, te sugiero que consultes sus tutoriales y practiques mucho. Con la programación, cuanta más práctica tenga, más mejorará.

Capítulo Siete

Consejos específicos de género

En este capítulo, dejaremos de lado los consejos genéricos de diseño de juegos de antes. Si bien hay algunas cosas que podemos aplicar a prácticamente cualquier juego, también hay cosas extremadamente específicas de género.

En este capítulo, analizaré algunos de los géneros de juegos más populares en Steam y te daré consejos sobre cómo crear juegos en ese género. Estos indicadores abarcarán desde conceptos de programación que querrá aprender hasta aspectos de diseño de juegos en los que querrá enfocarse.

Entonces, sin más preámbulos, comencemos:

Roguelite / Roguelike

Un roguelike es un juego generado por procedimientos que se basa en el valor de repetición. Cada juego debe ser diferente y, por lo general, están hechos para que puedas leerlos de una vez. La falta de progresión permanente también los caracteriza.

Los roguelitas, sin embargo, son significativamente más populares, a pesar de que a menudo se combinan en una categoría. Un roguelite, al igual que un roguelike, se basa en el valor de repetición y en un mundo de juego generado por procedimientos. Sin embargo, a diferencia de un roguelike, los roguelites usan algún tipo de sistema de progresión permanente entre carreras.

Esto puede variar desde actualizaciones permanentes para tu personaje, como por ejemplo, Hades: Battle Out of Hell hasta simplemente desbloquear diferentes elementos y personajes, como en The Binding of Isaac.

Lo bueno de los roguelikes / roguelites es que pueden crear tiempos de juego de más de 100 horas con mucho menos contenido que la mayoría de los demás géneros de juegos.

Entonces, ¿a qué conocimientos debes prestar especial atención al desarrollar un roguelike?

El lado de la programación

Lo primero a lo que deberá prestar mucha atención es el aspecto de generación de procedimientos. Si el algoritmo no está a la altura, agotarás la cantidad de combinaciones de habitaciones con bastante rapidez.

Una vez que tus jugadores hayan visto todas las habitaciones un par de veces, el juego comienza a volverse más obsoleto. Para evitar esto, debe asegurarse de que está utilizando la mejor generación de procedimientos posible.

A continuación, consideraremos el equilibrio. Lo que pasa con los roguelikes es que perderás muchos de tus primeros juegos. Debido a esto, debes realizar una curva de aprendizaje relativamente empinada en el juego. No tenga miedo si a usted, el desarrollador, le toma días llegar al jefe final.

Dicho esto, está bien dejar algunas combinaciones desequilibradas que hacen que el jugador se sienta extremadamente poderoso. Por ejemplo, The Binding of Isaac tiene múltiples combinaciones de elementos que prácticamente ganan la carrera en el acto, y es uno de los roguelikes más populares a pesar de eso.

Lo siguiente que querrá asegurarse de que tenga su juego es contenido posterior a la ejecución. El hecho de que un jugador haya terminado el juego una vez no significa que tengas que poner un juego en la pantalla y terminarlo.

En su lugar, haz que tengas que vencer al primer "jefe final" varias veces para desbloquear uno nuevo. O tal vez agregue niveles de dificultad más altos y desafíos para los jugadores acérrimos.

Además, lo primero de lo que querrás preocuparte en un roguelike es el backend. No es necesario que piense en la interfaz de usuario o los gráficos al principio. El simple uso de gráficos de marcador de posición (o incluso texto sin formato) está perfectamente bien.

También querrá separar la interfaz de usuario del backend. En lugar de mantener los dos atados, querrá dividirlos para poder trabajar en uno sin molestar al otro.

Asegúrese de ahorrar rápidamente. No querrás estar muy lejos en la creación del juego o incluso casi terminar antes de mirar al titán de las partidas guardadas.

Si está construyendo un roguelike puro, en lugar de un roguelite, entonces puede omitir esto, ya que no necesitará ninguna partida guardada.

A continuación, asegúrese de diseñar un entorno de depuración desde el principio. En lugar de recorrer el mundo del juego en busca de errores mientras confías en la aleatoriedad para darte los elementos que necesitas, hazlo para que puedas generar cosas a medida que avanzas.

Por último, asegúrese de no pasar a la optimización de inmediato. Muchos desarrolladores novatos se adentran en la optimización de su juego mucho antes de que esté terminado. Lo único que necesita depurar al principio son los errores reales. Hay tiempo para optimizar el rendimiento del juego una vez que hayas terminado de hacerlo.

Eso es todo por el lado de la destreza de programación pura de las cosas. Ahora, entremos en los elementos de diseño que son esenciales para hacer un roguelite exitoso.

Diseño

Ahora bien, ¿cuáles son los elementos de diseño más importantes que necesita para asegurarse de respetar al crear un roguelike?

1. Nadie golpea

Este es uno que no puedo enfatizar lo suficiente. Hay pocas cosas más frustrantes para un jugador que dar un pequeño paso en falso y terminar muerto.

Claro, puede sonar genial darle a un monstruo épico un ataque que simplemente mata cualquier cosa en su camino. Si bien esta es una idea que suena genial en teoría, es una idea de diseño de juego horrible en la práctica.

Por ejemplo, en Nethack, la Medusa solía ser un engendro aleatorio que aparecía en una habitación aleatoria dentro de las mazmorras más profundas del juego. Simplemente ver a Medusa fue suficiente para matarte ... así que puedes apostar que eso provocó muchos abandonos de la rabia.

Hoy, las nuevas versiones de Nethack ponen a medusa en su propio piso especial donde los jugadores pueden estar preparados para ella. Alternativamente, algunos desarrolladores optan por no incluirla en absoluto.

2. Tenga algunos elementos secretos

Si bien puede ser divertido jugar un roguelike en el que ya conoces todos los elementos que obtienes, los roguelikes ponen mucho énfasis en ese aspecto crucial de la aleatoriedad. Si no se respeta, entonces el juego podría perder su "sensación" roguelike.

En lugar de que los elementos se generen al azar, a menudo es una buena idea poner en una caja de botín o un elemento aleatorio que le dará uno de una variedad variada de elementos.

Si está creando un juego como Nethack, entonces es un elemento básico del diseño incluir elementos difíciles de identificar. Como las pociones de See Invisible y Fruit Juice que tienen las mismas ventanas emergentes después de usarlas.

3. La sinergia de encendido es buena

No hay nada más insatisfactorio que encontrar una combinación única y genial de elementos en un juego ... solo para descubrir que no se acumulan.

Los potenciadores dentro de tu juego deberían fluir entre sí. En lugar de pisar el pie del otro, sugiero hacer listas separadas de potenciadores que funcionan juntos.

Ahora, no estoy diciendo que no debería haber algunos potenciadores que funcionen mal juntos. Ese es también un elemento absolutamente crucial del diseño roguelike. Sin embargo, en lugar de que todos tus potenciadores sean del tipo "+ 10% ATK", haz que, digamos, haya un elemento llamado Cuchillo, que te da 10 ataques.

Luego, puedes hacer un objeto llamado espada de cuchillos y duplicar la efectividad de todos los cuchillos en el inventario del jugador, al costo de 30 de defensa.

Tener ese tipo de compensación entre ataque y defensa también coloca el artículo en un nicho específico. Un jugador no lo aceptará si busca una configuración defensiva o "tanque".

4. Minimizar la rutina en ejecución

Durante cualquier carrera, quieres que el jugador juegue para siempre. Desea limitar el número de vías a través de las cuales pueden obtener una ventaja.

Esto es especialmente relevante si estás creando un roguelike / roguelite que no se basa en un número finito de habitaciones finalizadas por un jefe final. Por ejemplo, Rogue tiene un temporizador de comida, donde la comida solo aparecerá una vez que el juego genere un nuevo nivel. Esto significa que los jugadores deben tener mucho cuidado con el tiempo que pasan moliendo.

5. Elige un camino

Hay 2 "tipos" principales de roguelike / lite que puedes hacer. El primero es un roguelike que se parece mucho a ... bueno ... Rogue. Allí, hay un gran enfoque en la aleatoriedad y el uso de elementos de un solo uso y el desgaste en general.

Allí, tu personaje comienza relativamente fuerte y los enemigos se vuelven más fuertes a un ritmo más rápido, por lo que te ves obligado a usar los elementos de uso limitado.

Por otro lado, tienes roguelikes como The Binding of Isaac donde tanto tú como los enemigos se vuelven cada vez más fuertes. Debe saber qué hacen los elementos y hay mucha menos aleatoriedad.

6. Dale al jugador algo de consistencia

La mayoría de los roguelikes en estos días (que no sean los creados por puristas de Nethack y similares) están hechos con una variedad de potenciadores y "construcciones" que puedes hacer. Hacer esto con una distribución completamente aleatoria de estos beneficios es casi imposible.

Debido a esto, los juegos han incorporado formas que lo ayudan a aumentar la probabilidad de obtener ese elemento o potenciador sinérgico. Hades: Battle Out of Hell tiene los recuerdos de Dios y el espejo negro, mientras que Isaac tiene la máquina de repetición y los dados activos.

Este tipo de pseudo-coherencia le permite a tu jugador apostar en construcciones de alto riesgo y sentir que todavía tiene cierto control sobre lo que está sucediendo.

7. Variedad enemiga

No basta con hacer mapas variados para tener un buen roguelike. También necesitas hacer variados diseños de enemigos. Con esto no me refiero solo a enemigos que se ven diferentes. Necesitan moverse de manera diferente, atacar de manera diferente y sentirse diferentes.

La variedad enemiga es posiblemente incluso más importante que la variedad ambiental. Esto se debe a que, si bien el entorno está en gran parte en el fondo de la mente del jugador, como simplemente un elemento de fondo, los enemigos están a la vanguardia.

Quieres que el jugador se sienta perplejo, que se sienta desafiado cada vez que se encuentra con un nuevo enemigo. Para facilitar este sentimiento, debes intentar incluir tantos ataques, conjuntos de movimientos y diseños variados como puedas en tu roguelike.

8. No destaque la hinchazón

Muchos roguelikes más modernos tienen lo que me gusta llamar "función hinchada". Cuando abres la pantalla de tu personaje, ves 200 números diferentes, generalmente sin ninguna explicación de lo que hacen.

Si bien tener una curva de aprendizaje pronunciada está bien, la mayoría de los jugadores que ven esto simplemente se alejarán. Un enfoque más fácil de adoptar es introducir nuevas mecánicas y estadísticas lentamente a medida que el jugador avanza en el juego.

Hades: Battle Out of Hell hace esto de manera excelente. Al principio, solo te presenta opciones de hasta 3 habilidades para elegir en cada sala de potenciadores.

Muy pronto, estará eligiendo entre 4 aspectos de armas de cada una de las 8 armas, así como un recuerdo, reflexionando sobre el calor y recogiendo un recuerdo legendario incluso antes de comenzar su carrera.

De esta manera, sus nuevos jugadores no se sentirán abrumados, pero aún dejará algo de material para mantener a los veteranos comprometidos.

9. Logros y dificultad

Hablando de veteranos. Con los juegos cada vez más populares en estos días, hay muchos más jugadores "incondicionales" que antes. Estas son las personas que ponen 200, o a veces más de 2000 horas en un juego.

Quieres capturar esta base de jugadores. No solo comprarán tu juego, lo financiarán en Kickstarter y comprarán tu merchandising, sino que crearán contenido en línea que popularizará tu juego.

Para mantener a estas personas entretenidas, debes incorporar una variedad de diferentes logros y niveles de dificultad en tu juego. Por ejemplo, The Binding of Isaac: Afterbirth tiene un personaje que puede recibir un total de 2 golpes en una habitación como máximo.

Con artículos ideales, pueden ser capaces de tanquear con 3 golpes. Completar el juego en la dificultad más difícil con este personaje te desbloquea un logro especial. Este es precisamente el tipo de cosas que desea mantener en su juego.

10. No te alejes de la singularidad

El campo de roguelikes y roguelites es vasto y saturado. Innumerables juegos compiten por la atención de tu jugador a la vez. Si no quiere hacer que su juego destaque, no obtendrá ninguno de ellos.

Además, este género es uno de los mejores cuando se trata de tomar riesgos audaces, ya que un solo juego que tiene éxito en un nicho puede generar todo un género. Por ejemplo, Slay The Spire hizo todo el género (ahora enorme) de roguelikes de construcción de mazos por turnos.

Arriesgarse al abordar un nuevo tema o diseño es una gran idea al desarrollar un roguelike. Si quieres otro ejemplo de su recompensa, mira Risk of Rain 2. Cambiaron de un juego de plataformas 2D de desplazamiento lateral a un juego de rol de infierno de balas en 3D con algunos elementos de plataformas, y de repente están en la página más vendida en Steam. .

RPG por turnos

El género de juego más popular con diferencia, el juego de roles es un elemento básico de la industria del juego como ningún otro. De hecho, es tan difícil definir qué *es* exactamente un juego de rol que decidí dividirlo en dos categorías distintas, una relacionada con juegos de rol por turnos y la otra con juegos de rol en tiempo real o de acción.

El lado de la programación

Entonces, ¿cuáles son las cosas más importantes que debes saber cuando se trata de programar un juego de rol por turnos?

El primero es cómo optimizar las clases correctamente. No es necesario crear una clase nueva cada vez que desee crear otro tipo de personaje de jugador. En cambio, suele ser una buena idea crear una clase única para todos los personajes del jugador y otra para todos los enemigos.

Algunos juegos llevan esto un paso más allá y simplemente tienen una clase tanto para enemigos como para jugadores. Echemos un vistazo a Darkest Dungeon para tener una idea de por qué esto funciona tan bien.

Darkest Dungeon equipa a cada personaje con 4 movimientos distintos que pueden causar daño o estrés. Si el indicador de estrés de un héroe llega a 200, sufren un ataque cardíaco, lo que los pone a 0 de salud. Sin embargo, los enemigos no tienen indicador de estrés.

Entonces, ¿cómo puede crear esto usando solo una clase para todos los parámetros? Simple, creas una clase para todos los personajes, que incluye estrés y salud. Simplemente no lo muestra (o hace que afecte) a los monstruos.

Hace lo mismo con los ataques; El ataque de los héroes puede tener un valor de estrés de 0 debido al hecho de que los monstruos no pueden sufrir daños por estrés.

También necesitará aprender a comentar y anotar su código correctamente. No basta con poder *escribir* un juego de rol por turnos. También necesita poder trabajar en él correctamente.

Si no comenta correctamente su código, se encontrará retrocediendo y se dará cuenta de que simplemente no sabe cuáles son algunos elementos de su propio código.

Esta no es la mejor posición para estar. Esto hace que la depuración sea un proceso mucho, mucho más difícil de lo que debería ser.

Además, si desea traer a alguien de su equipo para que lo ayude con la programación, será mucho más difícil ayudarlo a codificar si no sabe para qué sirve cada parte del código.

A decir verdad, codificar un juego de rol por turnos no es demasiado difícil en sí mismo. La dificultad proviene principalmente del manejo de gráficos y diferentes mecánicas que se encuentran dentro del juego.

El lado del diseño

En cuanto al diseño de las cosas ... hay mucho que decir. El género de los juegos de rol por turnos es probablemente el género de juegos más extenso que existe, lo que significa que hay muchas cosas que puedes hacer bien ... y muchas cosas que puedes hacer mal.

1. Perfectamente equilibrado, como todas las cosas deberían estar

La falta de equilibrio en muchos juegos de rol por turnos se debe a múltiples factores. La primera es simplemente que la "clase" que más le gusta al desarrollador del juego es la que tiene más probabilidades de superar al resto de las clases.

Ahora, incluso si no usa clases o composiciones de fiesta, debe prestar atención al equilibrio de habilidades. No quieres que ninguna habilidad se sienta inútil. Tampoco quieres que ninguno de ellos se sienta completamente dominado.

Encontrar este término medio puede ser bastante difícil. Por esta razón, sugiero tener un minijuego separado donde puedas simular la lucha de varias clases / construcciones de jugadores.

Esto le permite comparar las cosas que parecen sobreajustadas o desajustadas entre sí para determinar si realmente es así.

Ahora, esa no es la única forma en que se puede desequilibrar un juego de rol. Si los monstruos son pisoteados, incluso si el jugador solo está golpeando el "ataque", eso también es un problema de equilibrio.

2. Seguir las 4 virtudes básicas

Es una creencia bastante popular que existe un conjunto de principios básicos bajo los cuales se debe diseñar cualquier juego de rol por turnos. Las 4 virtudes que debe seguir cualquier RPG son:

- Complejidad emergente: la complejidad del juego no proviene de tener mil cosas sucediendo. Más bien, surge de diez cosas que se entrelazan e interactúan de manera sutil. Mantenga las reglas simples, pero asegúrese de que puedan facilitar mecánicas más complejas.

- Claridad: el jugador no debería tener que preguntarse, "¿qué podría haber hecho mejor?" En cambio, sus éxitos y fracasos tácticos deberían ser intrínsecamente obvios para el jugador.

- Determinismo: Tu juego debe ser lo suficientemente determinista como para que un jugador que juegue con habilidad y use las tácticas adecuadas casi siempre terminará con una victoria.

- Aleatoriedad: debe haber cierta aleatoriedad en el sistema para facilitar que un jugador pueda sentirse afortunado. Sin embargo, la suerte dada en el sistema nunca debería poder triunfar sobre el juego hábil.

Un gran ejemplo de los cuatro es The Darkest Dungeon. Tiene un puñado de mecánicas de combate. Sin embargo, estas mecánicas interactúan de maneras que incluso pueden crear un meta PvP complejo.

Cada decisión es significativa, dónde colocarás a un héroe qué habilidades equiparás, qué baratijas le pondrás, etc.

Sus errores y victorias también tienden a ser obvios; el narrador del juego tiende a señalar errores y malas decisiones. Por ejemplo, buscar grandes recompensas apagando la luz en medio de la mazmorra, aunque sepa que las condiciones de poca luz hacen que el daño por estrés sea más potente.

Tiene suficiente determinismo como para que un jugador habilidoso casi siempre pueda completar el juego. Hay innumerables carreras de velocidad por ahí, así como carreras de desafío como "sin luz" y similares. Este es el sello distintivo de un juego bien diseñado.

A pesar de todo esto, todavía tiene un pequeño elemento RNG en sus sistemas de críticos, fallas, virtudes y fallas. Todos estos se basan principalmente en la suerte (puede influir en las probabilidades, pero aún son aleatorias) sin embargo, no se interponen en el camino del juego estratégico.

3. Especialización

Como regla general, un personaje generalista siempre debería ser peor que uno especializado en su área de especialización. La composición óptima para un personaje debe ser principalmente habilidades especializadas.

Esto se debe a que tener personajes (o incluso habilidades) sobresalientes en un área mientras que faltan en otras aporta profundidad táctica. Esto ayuda a darle suficiente espacio de diseño para facilitar muchos tipos diferentes de personajes.

Si no hace esto, y prefiere optar por una variedad de generalistas, terminará con algo muy parecido a jugar al ajedrez solo con reinas. Claro, puede sonar divertido al principio, pero pronto comprenderá que tiene poca o ninguna profundidad táctica.

Esto no solo se aplica a los personajes amistosos. Los enemigos también deberían estar especializados la mayor parte del tiempo. Está bien dejar que un jefe haga bien varias cosas; sin embargo, los enemigos regulares deberían ser buenos en una o dos cosas. Esto le permite al jugador tener opciones sobre cómo contrarrestar a esos enemigos específicos, aumentando aún más la profundidad táctica del juego.

4. Diferentes configuraciones de dificultad

Los juegos de rol por turnos son el género de juegos que más sufre por no tener los niveles de dificultad adecuados. Debido a que tiene sus raíces en la estrategia, si su juego no tiene diferentes niveles de dificultad, es como jugar un bot de ajedrez sin uno.

Si eres mejor que él, simplemente pisarás fuerte. Si eres peor que eso, te frustrarás y dejarás de fumar. Lo mismo se aplica a los videojuegos.

Por ejemplo, la mayoría de las críticas negativas en la página de Steam de Darkest Dungeon provienen de la época en que el juego no tenía su dificultad Radiant, destinada a facilitar el juego a los jugadores principiantes.

5. No olvides la historia

El hecho de que la mayoría de las personas disfruten más del aspecto de combate de los juegos de rol por turnos no significa que debas aflojar la historia. Un juego debe ser una forma de arte integral.

Es posible que desee alejarse del combate de vez en cuando y recapitular la historia hasta ahora. Piense en cómo los encuentros tienen sentido dentro de la historia, así como en cómo debería progresar más allá de ese punto.

6. Viaje rápido

Este es un problema mayor con los juegos de rol de acción; sin embargo, como nos muestra Final Fantasy, a veces este error de diseño se abre paso en juegos por turnos. Esto es especialmente cierto para algunos JRPG, que por alguna razón simplemente se niegan a incorporar viajes rápidos en el juego.

Ahora lo entiendo; quieres que tus jugadores exploren el intrincado mundo que has creado. Eso es genial. Nadie te está diciendo que no los dejes hacer eso. Sin embargo, tenga en cuenta que algunos jugadores simplemente no se preocupan mucho por el mundo y los entornos.

Claro, tal vez ese monumento de piedra en movimiento del fundador de la ciudad te tomó días para comenzar a trabajar, pero Joe quiere pasarlo en unos segundos.

Es por eso que todos los juegos deben tener un viaje rápido, al menos entre zonas ya exploradas. En segundo lugar, permite a los jugadores ir de A a B más rápido, lo que les permite avanzar en la historia.

7. Subidas de nivel no lineales

Una buena característica para tener en cualquier juego de rol. Estoy bastante cansado de que todos los demás juegos de rol me tengan XP y luego me suban de nivel y me permitan poner uno o dos puntos en una o dos estadísticas. En lugar de esto, a los jugadores les encanta cuando les dejas personalizar.

Un buen ejemplo de esto es la cuadrícula de Final Fantasy X. Te permite seguir un camino cuando quieras y tomar una ruta completamente no lineal cuando no. Esto también está presente en Path of Exile y es uno de los mayores atractivos del juego.

8. Elija su audiencia con cuidado

Si bien esto se aplica a cualquier tipo de juego, es extremadamente importante que los juegos de rol por turnos decidan a qué público quieres dirigirte. Claro, al incluir diferentes modos de dificultad, puede obtener jugadores de todo tipo de orígenes, pero su público principal seguirá siendo el mismo.

Descubrí que los jugadores se dividen en cuatro categorías generales:

Lo casual: al jugador casual no le importan mucho los detalles intensos y le gusta más ser más fuerte que ser desafiado. Si hay una pelea que les lleva de 5 a 10 intentos, es probable que no regresen al juego nuevamente. Si te diriges a esta audiencia, intenta centrarte más en el valor de entretenimiento de la mecánica del juego que en su equilibrio.

The Hardcore: estas personas quieren sus desafíos y lo quieren ahora. Están mucho menos interesados en la progresión que en el desafío intrínseco de tu juego. Claro, puede que les guste la historia, pero aún quieren que sus peleas sean como el jefe más duro de Dark Soul.

The Mathematician: estos jugadores quieren estar trabajando con números todo el día. Quieren poder dibujar gráficos y teóricamente su construcción para poder optimizar por completo su personaje. No están tan interesados en el desafío, ya que les gusta que aparezcan grandes números en su pantalla. No son reacios a pulir XP para ayudarse a sí mismos a mejorar.

The Bookworm: estas personas quieren leer tu juego como un libro. El juego es un dispositivo narrativo para ellos, más que algo en lo que participan por sí mismo. Quieren experimentar la historia y el mundo cuidadosamente elaborado de tu juego.

Naturalmente, casi nadie cae completamente en uno de estos; sin embargo, generalmente hay uno dominante en cualquier jugador. Su juego idealmente debería apuntar a uno de estos.

Dicho esto, no debes ignorar el resto; es ideal para crear mecánicas que faciliten todo tipo de juego.

Por ejemplo, Hades: Battle Out of Hell hace esto al tener un modo fácil para los jugadores ocasionales, un sistema HEAT que hace que todo sea más difícil para los jugadores incondicionales (la configuración de HEAT más alta aún no ha sido superada con todas las armas). variedad de construcciones para que el matemático piense, y una historia profunda contada a través de bellas artes para el ratón de biblioteca.

9. No hay rutinas obligatorias

No tiene mucho sentido obligar al jugador a acabar con las turbas comunes en un juego para un solo jugador. Esta es una de las mayores quejas que la gente suele tener sobre el género: su repetitividad. Si bien la naturaleza repetitiva no es intrínseca, muchos desarrolladores de juegos piensan que solo porque un juego es un juego de rol por turnos, deberías pasar 10 horas puliendo tus estadísticas para vencer al jefe final.

Ahora, no estoy diciendo que moler no debería ser una opción, o que no debería ser útil. Estoy diciendo que no deberías tener que esforzarte por la progresión de la historia principal. Si quieres vencer al jefe secreto, obtener todos los logros o algo similar, entonces la molienda es apropiada.

10.Asegúrate de que las imágenes tengan Oomph

Ahora, esto es un poco extraño. Aunque los juegos de rol por turnos son aclamados como uno de los géneros con menos respeto por los gráficos, las animaciones suaves y una dirección visual clara lo llevan más lejos que la mayoría.

Debido a su naturaleza por turnos, no puedes generar dinámicas de la misma manera que lo hace un juego de rol de acción. En cambio, la mayoría de los buenos juegos de rol por turnos lo hacen incorporando animaciones de calidad y de alto impacto en el juego.

Echemos un vistazo a Darkest Dungeon nuevamente, miremos cualquiera de sus animaciones de ataque. Cada uno de ellos termina en el pico de un swing, aunque solo tienen unos pocos fotogramas de largo, agregan dinámica al combate y lo hacen sentir más real.

11. Planifíquelo de la A a la Z

Los juegos de rol por turnos son el tipo de juego más difícil de ejecutar bien sin un plan bien diseñado. Si no tienes un plan desde el principio, podrías darte marcha atrás no solo en tu código, sino también en los elementos de la historia, tal vez incluso en la mecánica del juego.

Este tipo de problemas son los que llevan a que los juegos se queden atrapados en el infierno del desarrollo durante años. Para evitar este problema, intente trazar todo su juego de una vez.

Juegos de rol en tiempo real

Los juegos de rol en tiempo real (también conocidos como juegos de rol de acción) son el segundo subconjunto del juego de rol que veremos de cerca. Algunos elementos de diseño de RPG por turnos aún permanecen aquí, por lo que no los repetiremos.

El lado de la programación

Dependiendo del tipo de juego que estés creando, es posible que estés viendo el momento más inteligente de tu vida aquí.

Hay una variedad de juegos de rol en tiempo real diferentes, por lo que es difícil decir qué necesitarás aprender *exactamente* ; sin embargo, hay algunas cosas generales en las que se basan casi todos los juegos de rol de acción.

La primera son las colisiones. Ahora, en su cabeza, puede parecer sencillo darse cuenta cuando un martillo ha golpeado una roca. Para el juego lo es mucho menos. De hecho, la detección de colisiones suele ser la parte que más falla.

Desafortunadamente, es absolutamente fundamental para cualquier tipo de juego de rol en tiempo real. Debido a esto, le aconsejo que use un motor como Unity para manejarlo por usted, ya que codificar colisiones desde cero puede ser bastante difícil.

Si lo desea, puede decidir que quiere un juego en 3D. En este caso, hay toda una lata de gusanos. No solo necesitará aprender sobre colisiones basadas en 3D, sino que también deberá familiarizarse con la codificación de la física y los vectores de juegos en 3D.

Con todo, los juegos de rol de acción son el tipo de juego más difícil de codificar desde cero. Afortunadamente, algunos motores te lo facilitan mucho. Unity, por ejemplo, es el motor de juego más popular para los juegos de rol de acción entre los principiantes (más sobre eso en el próximo capítulo).

También necesitará aprender a usar los conjuntos de fichas correctamente y crear mapas más intrincados, no solo gráficamente, sino también cómo programarlos para que su juego no se derrumbe.

Si está realmente decidido a codificarlo, le sugiero que haga al menos 1 prototipo de cada otro tipo de juego en esta lista, ya que un juego de rol de acción es una combinación de todos ellos de alguna manera. Además, tal vez te saque de la loca idea de hacer un juego de rol en 3D solo.

El lado del diseño

Muchos de los consejos de diseño del juego de rol por turnos se aplican aquí, por lo que no volveré a enumerarlos. En cambio, me centraré en aquellos aspectos que son exclusivos de los juegos de rol de acción.

1. Preste atención al diseño de niveles y la variedad de mapas

Al igual que el roguelike, un juego de rol de acción debe prestar mucha atención a cómo se diseñan los niveles, así como a qué tan buenos son los mapas.

Incluso si está creando un juego de rol de mundo abierto, considere cada área como su propio nivel separado. Debes hacerlo de modo que el jugador no se aburra de explorar constantemente hacia la nada, pero al mismo tiempo quieres darles la sensación de un mundo inmenso.

La variedad de mapas también es muy importante. Los juegos de rol de acción generalmente se diseñan teniendo en cuenta los tiempos de juego prolongados, lo que significa que el jugador estará mirando sus mapas durante alrededor de 40 a 60 horas. Si los mapas son aburridos, eso afectará en gran medida su disfrute del juego.

2. Centrarse en la construcción del mundo

En un juego de rol en tiempo real, el jugador pasará mucho tiempo mirando e interactuando con su mundo. Si tienes un mundo que está ambientado en 2099 Rusia, pero la sociedad funciona y tiene la moral de la sociedad occidental moderna, eso rompe la inmersión.

Dado que los juegos de rol en tiempo real están mucho más enfocados en la inmersión que otros tipos de juegos, debes evitar esto a toda costa. Preste atención a su mundo y trate de asegurarse de que tenga el mayor sentido posible en todos los aspectos.

3. Evite los patrones de juego repetitivos

Este es un asesino furtivo de muchos juegos y es la razón por la que Assassin's Creed Unity fracasó. Cada encuentro de combate se sintió y jugó igual. Claro, tal vez los enemigos se veían diferentes, pero tú estabas haciendo lo mismo.

Quieres evitar esto. La forma más fácil de evitarlo es incluyendo una variedad de armas diferentes, cada una con su propio conjunto de habilidades. Alternativamente, puede incluir una variedad de habilidades que hagan cosas diferentes.

Un sistema combinado también es útil para esto. Puedes tener una variedad de combos diferentes que tienen diferentes eventos de seguimiento que le suceden al enemigo cuando es golpeado.

Esto no solo es relevante para el jugador, sino también para los enemigos. Parte de la razón por la que los jefes de Dark Soul son tan geniales es que no tienen patrones simples. Cada uno de ellos tiene 4-5 ataques por sí mismos. Incluso algunos de los enemigos regulares tienen 3 o más.

Si tu juego tiene jabalíes, cuyo único ataque es directo hacia ti, eso envejecerá rápidamente. Si debes mantener a los aburridos jabalíes, te sugiero que crees más enemigos con más ataques.

Tener muchos enemigos, incluso si no tienen demasiados ataques, también puede dar la ilusión de variedad y hacer que tu jugador esté involucrado por más tiempo.

4. Contenido posterior al juego

El hecho de que hayas terminado la trama principal del juego no significa que debas verte obligado a dejar de jugar o comenzar un nuevo juego. Agregar jefes opcionales al final del juego es una excelente manera de aumentar el tiempo de juego de un juego.

Si quieres un juego que finalice una vez que termines la historia principal, entonces es una buena idea agregar un New Game +, haciendo que el juego sea más difícil. En lugar de simplemente aumentar los números de daño y salud del enemigo, sugiero darles a los enemigos habilidades únicas para NG +, así como alterar sus puntos y tasas de generación.

No necesitas hacer demasiados cambios en tu juego para incluir contenido posterior al juego, y esto realmente puede ayudar a que tu juego atraiga y retenga jugadores.

Otra forma (relativamente) simple de extender el juego es agregando multijugador. No me refiero a un MMORPG obviamente. Pero tanto las peleas basadas en instancias como las peleas PvP entre un par de jugadores.

Plataformas

La siguiente categoría de juegos serán los juegos de plataformas. En términos generales, un juego de plataformas es cualquier juego que se centre en pasar de una etapa del mapa a la siguiente.

El lado de la programación

Al hacer un juego de plataformas, muchas de las mecánicas que incorporarás dependerán de tu visión creativa. Dicho esto, es difícil imaginar una plataforma sin saltar y, bueno ... plataformas.

Saltar es en realidad engañosamente complejo de programar. Necesitas saltar para sentirte suave y satisfactorio; después de todo, es lo que el jugador dedicará la mayor parte de su tiempo a hacer.

También necesitará tener detectores de colisiones muy precisos. No querrás que el jugador pase por la plataforma y se hunda debajo del mapa, ¿verdad? Eso realmente me sucedió cuando estaba haciendo mi primer juego de plataformas, y créanme; no es tan divertido como parece.

Más allá de esto, tendrás que pensar mucho en las mecánicas únicas que tu juego de plataformas trae a la mesa que lo distingue del resto. Ya sea una forma interesante de interactuar con las plataformas o simplemente un conjunto diverso de potenciadores.

Además, la mayoría de los juegos de plataformas incluirán algún tipo de enemigos. Aprender a hacer IA simple es extremadamente importante para eso.

El lado del diseño

La creación de un juego de plataformas depende en gran medida de los diseñadores del juego, más que de los programadores. Esto se debe a que son relativamente simples de programar; sin embargo, hacerlos realmente agradables de jugar puede ser un gran desafío.

1. Asegúrese de que la interfaz de usuario sea lo suficientemente simple

Su jugador no debería necesitar navegar a través de 15 pantallas diferentes para descubrir cómo saltar. Debe haber un botón para saltar, y debe ser W o Espacio.

Si tienes otras mecánicas, debes mantenerlas cerca del botón de salto. Tener una interfaz intuitiva y sencilla es muy importante para el éxito de cualquier juego, y más aún, de un juego de plataformas.

Asegúrate de que sea fácil navegar entre los diferentes menús y configuraciones del juego. Si sus controles no responden, básicamente ha fallado de inmediato, ya que un juego de plataformas depende de que el jugador pueda controlar los movimientos finos de su personaje.

2. Todo lo importante debe ser visible

Quieres asegurarte de que la pantalla contenga toda la información que el jugador necesita saber en todo momento. Por ejemplo, debes mostrarle al jugador su salud. Además, debes hacer que las plataformas tengan diferentes colores / estilos del paisaje que las rodea para que puedan ver dónde deben saltar (a menos que ese sea el truco del nivel, por supuesto).

Si hay objetos coleccionables en la pantalla, el jugador debería poder verlos claramente. Y si el jugador ha recogido o equipado cualquier potenciador adicional , eso debería ser obvio de un vistazo.

3. Animaciones fluidas

Los movimientos dentro de un juego de plataformas deben ser suaves y fluidos siempre que puedas hacerlo.

Un "estado de animación" es un punto en el que el personaje se encuentra en ese momento. Lo que quieres son estados de animación que puedan pasar de uno a otro en un instante. Digamos que estás en el medio del estado de animación de "salto". Si el jugador ahora quiere hacer un ataque, no debería tener que esperar a que aterrice; más bien, deberían poder cambiar de un estado a otro inmediatamente.

4. Diseño de nivel lógico

El diseño de niveles es el componente más crucial para hacer un juego de plataformas. El diseño de niveles es lo que las personas que juegan tus juegos experimentarán en primer lugar. Cada nivel debe ser un poco más desafiante que el anterior.

De esta manera, puedes seguir recompensando constantemente a tu jugador por aprender del último nivel. Debido a esto, también debes intentar incorporar partes de niveles pasados a niveles posteriores, para que el jugador pueda sentir cuánto han mejorado.

5. Un breve tutorial

Si tu juego de plataformas tiene una gran variedad de mecánicas, no las pongas todas en el tutorial. Cuando los jugadores comienzan a jugar un juego de plataformas, esperan poder relajarse mientras juegan.

Si su tutorial dura 15 minutos y está repleto de decenas de mecánicas diferentes, entonces el jugador se confundirá desde el principio. Incluso pueden olvidar aspectos del juego.

En su lugar, debe hacer que el tutorial sea breve, agradable y simple. Si desea introducir mecánicas adicionales más allá de eso, debe presentarlas con niveles de ejemplo y secciones de tutoriales al comienzo de los niveles.

Apuntar y hacer clic

Finalmente, veamos el tipo de juego más simple de hacer. Es un juego de apuntar y hacer clic. Un juego de apuntar y hacer clic es un juego en el que la única mecánica es simplemente hacer clic en las ubicaciones.

Por lo general, estos juegos se centran en la historia. Sin embargo, a veces encontrará que incluyen algunas dificultades mecánicas. Por ejemplo, juegos de ritmo como Osu ! confiar en un simple clic; sin embargo, debido al aspecto de la música y el ritmo, el juego también es un desafío mecánico.

El lado de la programación

El lado de la programación de hacer un juego de apuntar y hacer clic se centra principalmente en detectar entradas y reaccionar a ellas.

De hecho, en este punto del libro debería poder hacer un juego simple de apuntar y hacer clic. Haz que haya dos bolas, y cada vez que haces clic en la bola izquierda, sube un contador, y siempre que haces clic en la derecha, el contador baja.

Cuando haya terminado con esto, debe comprender la mecánica fundamental detrás de los juegos de apuntar y hacer clic. Dicho esto, la creatividad, tanto en la historia como en la mecánica, se muestra muy fácilmente en este tipo de juego.

Por ejemplo, el ejemplo de la pelota podría usarse como mecánico. Podrías hacer que la bola izquierda sea "ira" y la derecha sea "calma". Luego, el juego podría consistir en presentar las situaciones de los jugadores y averiguar qué cantidad de una mezcla de ira y calma se debe usar allí.

Alternativamente, podrías crear un juego de aventuras de apuntar y hacer clic estándar en el pantano, en el que presionar las cosas hace que el personaje interactúe con el objeto. Un buen ejemplo de esto es la serie Henry Stickman.

Otro desafío de programación que podrías enfrentar se encuentra dentro de las animaciones. A veces, necesitará programar cómo interactúan las diferentes animaciones y cómo se activan en función de decisiones pasadas.

El lado del diseño

1.Asegúrese de que todos los artículos tengan su uso

El jugador tendrá muchos elementos en su inventario (si está haciendo un juego de aventuras / rompecabezas). Asegúrese de que todos los elementos que su jugador pueda recoger sean útiles.

Si está planeando un juego más difícil, puede hacer que los elementos que encuentren al principio sean útiles más adelante en el juego. Por otro lado, si no está planeando un juego que sea demasiado difícil, intente hacerlo de modo que el jugador pueda usar los elementos que encuentre bastante pronto.

2. Trate Para Sea creativo con los Artículos

Los elementos más simples que existen, como el agua o un balde, simplemente no son interesantes. En un juego de aventuras, puedes hacer todo esencialmente, luego no te quedes atascado en elementos como estos. Si está utilizando un elemento que puede encontrar fácilmente en la vida real, probablemente pueda obtener un elemento más creativo.

Entonces, ¿qué es mejor usar que el agua o un simple balde? El vinagre exótico es mejor que el agua, y algo que es más divertido que un cubo es un cadáver de águila ahuecado.

El rompecabezas te haría usar vinagre exótico con un águila santificada en el fuego. Claro, todavía es tan simple como llenar la carcasa con vinagre y luego derramarla, pero eso es mucho más interesante que verter agua.

3. Agregar capas a los rompecabezas

Un rompecabezas con capas suele ser infinitamente más interesante que un rompecabezas sin ellas. Lo que quiero decir con esto es un acertijo que necesita más pasos para resolver en lugar de simplemente ser A + B = C.

Ahora, tomemos el ejemplo anterior. Necesitaremos un poco de nuestro exótico vinagre si queremos apagar un gran fuego. Entonces, ¿de dónde lo conseguimos? Bueno, digamos que hay una cervecería cerca. Sin embargo, el cervecero no quiere hacer vinagre en este momento.

¿Por qué no lo hace? Tiene miedo de un ratón que parece estar mirándolo sin descanso. Entonces, debemos deshacernos de la presencia del ratón. Cogemos un poco de queso y lo usamos con el ratón. ¿Cómo conseguimos queso?

Bueno, digamos que hay una vieja botella de leche en 1945; tomamos nuestra máquina de viaje en el tiempo, la tomamos de allí y la dejamos fermentar hasta el día actual. Entonces finalmente tenemos nuestro queso. Atraemos al ratón y tomamos nuestro vinagre.

Ahora bien, ¿qué hacemos con el cuerpo del águila muerta? Podemos usar una carcasa ahuecada para hacer un cubo improvisado ahuecándolo. Digamos que un pájaro más grande está sentado en la percha comiendo trozos de águila. Luego usaríamos el cuerpo de nuestra águila muerta para darnos nuestro balde improvisado.

4. Poste indicador a menudo

Las señales son conjuntos de imágenes y eventos que guían a sus jugadores hacia la solución adecuada.

Por ejemplo, en la situación de la cervecería, el jugador podría mirar su botella de vinagre y ver "hecho en ... 3 pantallas a la izquierda". Este tipo de meta-poste indicador podría llevar al jugador a la cervecería.

A partir de ahí debes señalar la mayoría de las decisiones importantes para el jugador. De esta forma, evitará el problema más fundamental de los juegos de rompecabezas de aventuras.

Ese problema es que, con frecuencia, las soluciones de rompecabezas no son lo que el jugador pensará de inmediato. Debido a esto, el disfrute de un jugador de un juego de rompecabezas a menudo dependerá de qué tan bien coincidan la visión del programador y la visión del jugador.

Las señales evitan este problema al permitir que el jugador se sienta inteligente cuando encuentra la señal y resuelve un problema por sí mismo.

5. Soluciones múltiples

¿Qué pasa si, en lugar de apagar el fuego con vinagre, el jugador también pudiera desviar el río local a esa ubicación?

Su jugador quiere sentirse inteligente consigo mismo para encontrar la solución; sin embargo, si esa solución está demasiado lejos de donde provienen, entonces no se sentirán así. Más bien, se sentirán frustrados porque su solución no funcionará en el juego.

Aunque esto no es un factor decisivo para la mayoría de los jugadores, aún desea que sea lo más divertido posible para ellos.

6. Céntrese en la narrativa más

En un juego de apuntar y hacer clic, realmente no podemos tener un juego que sea tan satisfactorio. Después de todo, todo se reduce a un simple clic. Tu jugabilidad no será la principal atracción de tu juego.

Entonces, ¿qué es entonces?

Las elecciones narrativas y artísticas se vuelven cada vez más importantes cuando se hace un juego de apuntar y hacer clic. Tener una narrativa coherente y un arte interesante es extremadamente importante para un juego como este.

Otros tipos de juegos

Estos, naturalmente, no son todos los tipos de juegos que existen. También hay juegos puros de rompecabezas, juegos de estrategia, juegos de cocina, simuladores de citas , etc. Sin embargo, si tuviéramos que cubrirlos todos, entonces este libro sería mucho más grueso.

Es notable que los principios de diseño y programación cubiertos hasta ahora se puedan aplicar a esos géneros. Por ejemplo, la señalización es extremadamente importante cuando se trata de juegos de rompecabezas . Del mismo modo, la mayoría de los elementos de diseño de los juegos de rol son útiles al hacer un simulador de citas.

Los elementos de programación del RPG de acción son similares a los que necesitas para los juegos de cocina.

Le sugiero que intente crear un prototipo de cada uno de estos. Si consigues hacerlo bien, obtendrás el conocimiento suficiente para hacer prácticamente cualquier otro tipo de juego.

Capítulo Ocho

Entrar en el desarrollo de Unity

En este capítulo, dejaremos a Ruby atrás temporalmente para profundizar en Unity.

Unity es uno de los motores de juegos más populares que existen. Facilita el desarrollo de juegos independientes en solitario mejor que cualquier otro motor de juegos del mercado. En este capítulo, te enseñaré cómo hacer un proyecto simple en él.

A diferencia de RPG Maker, Unity no sufre el estigma de ser un motor de bajo esfuerzo.

¿Qué es la unity?

Unity es un motor de videojuegos capaz de generar trabajos en 2D y 3D. Además, sirve como un marco útil que le brinda un sistema que lo ayuda a diseñar juegos tanto para escritorio como para teléfonos. Unity también es capaz de realizar simulaciones, aplicaciones, etc.

Ahora, lo bueno de Unity es que combina la capacidad de interactuar con todo a través del código, así como visualmente. Otro gran beneficio de Unity es que es gratis. Si bien existe una excelente versión premium, no es necesaria para lo que estaremos haciendo.

También se han realizado algunos juegos muy impresionantes en la versión gratuita.

También le permite colocar prácticamente cualquier modelo o imagen 3D, incluso si es una imagen en la que acaba de terminar de trabajar en Photoshop. También le permitirá juntar diferentes activos importables, así como escribir código que lo ayude a interactuar con los objetos circundantes. También admite una variedad de estilos de animación diferentes y le permitirá animar tan bien como lo haría cualquier otro sistema de animación avanzado.

Unity también admite una variedad de plataformas. Puede pasar de trabajar en Windows a trabajar para Android en cuestión de minutos. Esta capacidad es otra razón por la que los desarrolladores de juegos de todo el mundo la adoran.

Dicho esto, una de las cosas más útiles que trae Unity es su almacén de activos. Este es uno de los mercados de activos más expansivos y de calidad del mundo. Aquí podrás encontrar básicamente todo lo que necesites para tu juego. ¿Necesitas arte? ¿Quizás necesitas modelos 3D de calidad? ¿Incluso puede necesitar algunas animaciones? Unity Asset Store lo tiene todo.

También hay sistemas visuales para secuencias de comandos como Behave que se encuentran en Unity. En la misma línea, puede obtener experiencia con sombreadores de alta gama, texturas, etc. También es completamente programable, lo que significa que hay una variedad de aplicaciones de terceros diseñadas para él.

Para qué no deberías usarlo

Ahora, hay algunas cosas para las que Unity simplemente no es bueno. Ahora, si bien la gente a menudo supera los límites de lo que Unity puede y no puede hacer, quedan algunas cosas que simplemente no son óptimas para hacer en él. Un ejemplo de esto es la creación de modelos y activos. Si bien podrías traer un montón de autos a Unity como modelos y luego hacerlos correr, generalmente no harías los mismos autos dentro de él.

Dicho esto, si insiste en hacerlo en Unity, hay una extensión de modelado 3D llamada ProBuilder que le permite hacerlo. Si opta por 2D, también hay una variedad de formas diferentes de hacerlo dentro de la interfaz de Unity.

Tomando Los primeros pasos

Ahora, la descarga e instalación de Unity son extremadamente simples. Haces doble clic en algunos botones y ya estás.

Dentro de Unity, hay 3 lenguajes en los que puede programar. Esos son C ++, C # y JavaScript. Dicho esto, hay formas de usar Ruby para hacer esto. Por ejemplo, podría usar un compilador de Ruby a JavaScript y terminar con él. Sin embargo, eso dificulta la depuración del código.

Le aconsejo que aprenda uno de los lenguajes compatibles de forma nativa, aunque si realmente desea seguir con Ruby, también está bien. Tenga en cuenta que usted *va a* necesitar eventual para ampliar sus horizontes más allá de ella, sin embargo.

Ahora que ha descargado Unity. Ábrelo y comencemos.

Primero, querrá nombrar y asignar un lugar para su proyecto dentro del cuadro de diálogo del proyecto. Puedes poner cualquier cosa en tu proyecto; Unity hace esto a través de paquetes importables, aunque por el momento no es necesario agregar ninguno de ellos.

Aconsejo no marcar nada en esa pestaña a menos que sepa que lo necesita. Esto se debe a que, en ocasiones, estos paquetes pueden hacer que el tamaño de los archivos que está utilizando aumente varias veces.

Finalmente, querrá elegir si desea que su proyecto sea 2D o 3D. Esta es una de las características más nuevas de Unity, ya que no tenía un sistema de herramientas de juegos 2D de forma nativa durante bastante tiempo. Cuando eliges 2D, Unity cambia algunas cosas para facilitarte la creación de un juego 2D.

Si desea encontrar las cosas que descarga de la tienda de activos de Unity, las encontrará en C: \ Users \ Your_Name \ AppData \ Roaming \ Unity \ Asset Store. Aquí es donde se mostrará todo, y si desea agregarlo a un proyecto, puede hacer clic dos veces en cualquiera de los archivos aquí con su proyecto abierto.

Ahora bien, querrás presionar "Crear" en el cuadro de diálogo que aparece cuando inicias Unity. Esto hace que hagamos un nuevo proyecto y la ventana predeterminada de Unity te dará la bienvenida. No se preocupe si parece un poco abrumador al principio; pronto te acostumbrarás.

Lo que deberías ver

Estas son las cosas que debería ver en la ventana predeterminada:

● Proyecto: contiene todos los archivos de su proyecto. Si simplemente arrastra y suelta archivos desde Explorer en la ventana, Unity los agregará al proyecto abierto actualmente.

- Escena: representa la escena que ha abierto.

- Jerarquía: esta es una lista de todos los objetos del juego dentro de la escena abierta actualmente.

- Inspector: muestra todas las propiedades de cualquier objeto que seleccione.

- Barra de herramientas: la barra de herramientas contiene una variedad de funciones que van desde Avanzar cuadro hasta algo mucho más simple, como Rotar. Lo más importante aquí es que simplemente hacer clic en "Jugar" le permite comenzar a jugar su juego de inmediato.

- La ventana de la consola: esta es una ventana que puede ocultarse, pero muestra todos los resultados de su código. A veces, esto mostrará información importante de depuración, así que no lo olvide.

Es importante mencionar que hay una pestaña separada que se abrirá cerca de la pestaña Escena. Esta es la pestaña del juego y aparece cada vez que empiezas a jugar. Esto le proporciona una especie de patio de recreo para las pruebas. Es el paraíso de un depurador en esencia. Incluso puedes crear escenas durante el juego aquí haciendo una pausa en una escena y volviendo a cambiar. Dicho esto, si realiza cambios durante el juego, debe copiarlo y pegarlo. Para asegurarse de que nunca olvide que está en modo de juego, le sugiero que lo coloree en Editar | Preferencias | Colores | Tinte del modo de juego.

Mirando escenas

Todo lo que encuentres en tu juego está en una escena. Tenga en cuenta que cada componente, cada fragmento y letra de código que ha escrito es solo una escena. La forma en que Unity ve todo tu juego es esencialmente una serie compleja de escenas que se unen a través de la programación.

La forma más fácil de pensar en escenas es como niveles. Seguro, ¿puede tener 5 niveles en un archivo de escena? Podrías, pero la mayoría de los desarrolladores simplemente hacen que los archivos de escena correspondan 1: 1 a los niveles del juego.

Tus archivos de escena son donde encontrarás muchos de los metadatos dentro de tu juego. Esto significa que cada pequeño recurso que coloque allí tendrá sus metadatos almacenados allí. En general, es una gran idea guardar las escenas que estaba editando antes de dejar Unity, para no perder un montón de su código cuidadosamente elaborado.

Dentro de una escena, no podrás ver tu juego si no colocas una cámara, y sin agregar un escucha de audio a cualquiera de tus muchos GameObject-s no podrás escuchar nada. Dicho esto, el motor de Unity le proporcionará ambos de forma predeterminada.

Estructurar su juego y agregar activos

A diferencia de la mayoría de las otras plataformas de creación de juegos, Unity no te permite simplemente abrir un archivo como sustituto de tu proyecto, porque tu proyecto no es *solo* un archivo cuando está hecho en Unity. En cambio, los proyectos tendrán una variedad de complementos diferentes como Activos y Bibliotecas dentro de ellos.

- La carpeta de activos: esta carpeta contendrá prácticamente todos los archivos que coloque en su proyecto. Esto incluye todos los archivos de arte, audio y secuencias de comandos que le adjuntes. Esta es generalmente una de las carpetas de nivel superior cuando se mira a través del Editor de Unity.

- Biblioteca: la carpeta de su biblioteca incluirá los metadatos de todos sus activos. Es el hermano menor menos llamativo de la carpeta de activos.

- ProjectSettings: esta carpeta hace exactamente lo que dice en la lata. Recuerda todos los cambios que realiza en la configuración de su proyecto. Unity utiliza automáticamente su carpeta temporal para las cosas temporales que necesita almacenar.

Si bien todas estas partes se encuentran en el sistema, es ideal evitar cambiar cualquiera de los archivos por sí solo. Incluso si solo copia y pega hacia y desde Unity, aún enfrentará problemas debido a cómo el motor interpreta esto. Si no opta por utilizar el editor para algo que deba modificarse, existe la posibilidad de que no funcione correctamente.

Por otro lado, si está trayendo un archivo a Unity, generalmente funciona bien.

GameObjects

Ahora, básicamente todo en Unity es un GameObject. ¿Esa bolita que designaste como tu jugador? Un GameObject. ¿Los enemigos que pones por todos lados persiguiéndolos? Un GameObject. ¿El mismo suelo sobre el que ruedan? Un GameObject. ¿La tía de mi abuela? Un GameObject.

Esta es la clase base para casi todo en el motor Unity. Puede ver las propiedades de un GO (como nos referiremos a GameObjects de ahora en adelante) presionando sobre él a través de la ventana del Inspector. Siempre que incluya un GO, será invisible hasta que le dé propiedades visuales.

Cada GO tiene 4 propiedades. Son el nombre, la etiqueta, la capa y la transformación.

Ahora, el nombre es solo eso, un nombre para el GO. La etiqueta es como su propiedad principal y la transformación es su posición, la forma en que se gira y su escala. Unity usa X como su eje horizontal, Y como su vertical y Z como su eje de profundidad.

El desarrollo de juegos utiliza bastante los vectores, que veremos en una parte posterior de esta serie. Por ahora, todo lo que necesita saber es que la posición y la escala de cualquier GO son objetos Vector3. Lo que esto significa es que utilizan vectores 3D para determinar su posición y escala. Entonces, al tener 3 valores diferentes, puede asignar a un objeto una posición única.

Componentes

La forma en que hacemos que los GO hagan lo que queremos es agregándoles diferentes componentes. Básicamente, todo lo que podría agregar a un GO es un componente. Todos estos componentes también aparecerán siempre que use la ventana del Inspector para mirar el objeto. Por ejemplo, está el componente MeshRender y SpriteRender, que son los mayores determinantes de cómo se ve su objeto.

La adición de efectos de audio o iluminación a su objeto también se realiza a través de componentes. Incluso los efectos físicos notorios y las colisiones se manejan a través de componentes en Unity. También puede agregar una variedad de sistemas diferentes, como partículas y capacidades de búsqueda de rutas a través de componentes.

Básicamente, si los GO fueran las células de su cuerpo, entonces los componentes serían todas las cosas interesantes que hacen esas células. Es por eso que los componentes son una de las partes más interesantes del desarrollo de juegos de Unity.

Ahora comencemos. Haz un nuevo GO como un cubo. Puede hacer esto simplemente presionando la opción crear otra y luego seleccionando "Cubo". Tomé este cubo y lo llamé "Enemigo" y luego otro, al que apropiadamente llamé "Héroe".

Haciendo la persecución del enemigo

Queremos crear un código que haga que el cubo enemigo siga al cubo héroe. Ahora, dejando a un lado el debate de la moral cúbica, ¿cómo lo hacemos?

Bueno, la primera forma es simplemente cambiar la posición del cubo enemigo en cada cuadro manipulando su transformación. Sin embargo, una forma más fácil es simplemente aplicar la física al enemigo y dejar que Unity lo haga por nosotros.

Ahora, si queremos hacerlo por fotograma, será necesario que pensemos un poco más en "seguir adelante". Entonces, haré que el enemigo se mueva un poco en cada cuadro para que podamos tener un control preciso sobre dónde y cómo se mueve. Naturalmente, también hay bibliotecas que acortarán significativamente este movimiento para usted, como el muy popular iTween.

Comenzaré presionando en la ventana Proyecto y creando un nuevo script C #. Se titulará Enemy-INT. Para poner este script en un objeto, todo lo que tenemos que hacer es arrastrar el archivo donde tenemos el script al objeto, o incluso a la Jerarquía donde está el objeto. Después de eso, Unity aplicará el script al objeto sin que tengamos que mover un dedo.

Ahora, este script se puede simplificar, como agregando un RigidBody a nuestro enemigo; sin embargo, traté de hacerlo simple aquí. Entonces, ¿cómo se ve el guión?

```
clase pública EnemyINT: MonoBehavior
{
// Todo esto aparecerá en la ventana del inspector (al menos numéricamente)
velocidad de flotación pública = 30;
privado Transform _heroTransform;
transformación privada _ myTransform;
// Se hará referencia a todo esto cuando se llame al GO
inicio vacío ()
{
// Encuentra un GO que tenga asignada la etiqueta textual "Hero".
// Esta es otra parte del código de inicio, lo que significa que se activará cada vez que aparezca esta entidad.
var player = GameObject.FindGameObjectWithTag ("Héroe");
si (! heroe)
{
Debug.LogError (
"¡No pudimos encontrar un héroe! Ahora bien, ¿qué es una historia sin un héroe? ¡Súbete, chop chop ! ");
```

}

más

{

// Esto le encontrará una referencia para que pueda alterar su transformación para usarla más tarde. Tenga en cuenta que cada guardado se gestiona en una llamada de código nativo.

_heroTransform = hero.transform;

}

// Esto hace referencia a la transformación del reproductor para que podamos utilizarlo más tarde

_myTransform = this.transform;

}

// Esto hará que el script se llame ahora en cada fotograma

Actualización vacía ()

{

// Esto establece la velocidad de movimiento de la rapidez con que el enemigo debe moverse hacia el héroe. Unity trata una unidad como un metro, y la función Time.deltaTime le dará el tiempo que le llevó pasar de un fotograma al siguiente. Si está ejecutando el juego a 60FPS (y para este juego, debería estarlo) eso es 0.0167.

// Entonces , si queremos que nuestro enemigo se mueva 2 veces más, significa que cubrirá .033 unidades por cuadro.

var moveAmount = Velocidad * Time.deltaTime;

// Esto hace que actualice su posición cada vez que el héroe se mueve.

```
_myTransform.position    =    Vector3.MoveTowards    (
_myTransform.position,
    _heroTransform.position, moveAmount);
 }
}
```

¡Y esa es la parte básica! Debería revisar este código en detalle y, una vez que lo haya entendido, le sugiero que experimente un poco con él. Ahora, lo bueno es que podemos hacer referencia a cualquier componente que hayamos mostrado dentro del editor a través del código. También podemos poner un script en cualquier GO y usar sus propios métodos de Inicio y Actualización, así como cualquier otro que termine aprendiendo.

Entonces, supongamos que el script que contendrá el código anterior necesita encontrar una clase EnemyINT. Podemos encontrar ese componente así:

```
clase pública EnemyHP: MonoBehavior
private EnemyINT_enemyINT;
// Use esto para la inicialización.
void Start () {
// Esto se refiere al script EnemyINT que se encuentra dentro del GO adjunto.
var EnemyINT = this.GetComponent <EnemyINT> ();
```

```
    }

    // El método Update funciona una vez por fotograma.

    Void Update () {

     _ enemigoINT.MoveTowardsPlayer ( );

    }
```

Siempre que termine de jugar con su código en MonoDevelop, o en cualquier editor que use para su código (yo uso Notepad ++), luego regrese a Unity, notará que hay un poco de retraso. Esto sucede porque cada vez que agrega código, Unity necesita compilarlo en segundo plano. Tenga en cuenta que cualquier error con la propia compilación aparecerá en la parte inferior de la barra de estado.

Escribiendo el código

En el ejemplo que acabo de mostrar, hay un total de 2 métodos. Estos son el método Start y Update, con la clase EnemyHP obteniendo sus propiedades de la clase MonoBehavior. Esto ayuda porque luego puede ponerlo en cualquier otro GO.

Hay una variedad de métodos que utilizará en su carrera; sin embargo, como ocurre con la mayoría de los lenguajes de programación, algunas cosas se utilizan con frecuencia y otras que se utilizan con bastante poca frecuencia. Este también es el caso de Unity, por lo que estos son los métodos más comunes que usará:

Inicio: el método de inicio comienza al mismo tiempo que el objeto comienza a existir. Esto quiere decir que comienza en el primer cuadro en el que coloca el GO. Esto se pone en movimiento antes que cualquier otro método.

Awake: el método awake comienza a ejecutarse cada vez que se inicializa el objeto. Vale la pena señalar que esto no significa que todos los componentes de GO tengan que inicializarse al mismo tiempo. Siempre que inicie una clase basada en MonoBehavior, debe usar el método Awake , en lugar de usar cualquier otro.

Actualización: el método de actualización hace exactamente lo que dice en la lata. Actualiza el GO con lo que necesite cuando se cumplen ciertos requisitos. Es mejor usarlo para rastrear y causar cambios. Este método seguirá ejecutándose una vez por fotograma hasta que se detenga.

FixedUpdate: el método FixedUpdate es muy parecido a una versión más restringida del método Update. Llama un número determinado de veces por segundo, independientemente de la velocidad de fotogramas. Esto se suele utilizar junto con los motores de física, para que el retraso no cause consecuencias imprevistas.

// Esto le dará el primer componente EnemyINT que encuentra en el GO (este es el componente EnemyINT del que estamos hablando, no el GO). \
var EnemyINT = GameObject.FindObjectOfType <EnemyINT> ();
// De hecho, obtendremos una referencia de su GO de nivel superior.

var EnemigoGameObject = EnemigoINT.gameObject;

// Si, en cambio, queremos conocer la posición actual del enemi, haríamos:

var position = enemigoGameObject.transform.position;

Ahora bien, ya sabes cómo encontrar la posición del enemigo, así como cómo hacer que persiga al héroe. Es hora de que hagas un juego sencillo por tu cuenta.

Entonces, necesitarás hacer cuatro tipos diferentes de objetos para este juego. El protagonista, los enemigos, las esferas de puntos y el potenciador.

El protagonista debería poder moverse en las 4 direcciones usando las teclas WASD.

El objetivo del juego será que el protagonista llegue a los 100 puntos sin que los enemigos lo alcancen. Siempre que obtengan una esfera de puntos, sus puntos deberían aumentar en 10.

Los enemigos tendrán una velocidad un poco menor que el protagonista, y los perseguirán a lo largo del juego. Su único propósito es simplemente tocar al protagonista. Una vez que esto sucede, el protagonista muere o pierde uno de sus corazones que se reabastecen (que también podría ser un retiro). Ahora, ¿cuál de estos dos crees que es mejor diseño de juego?

La respuesta es: o

Si quieres un juego duro, hazlo de modo que cualquier toque mate; Si desea una experiencia más indulgente, entonces tener corazones recargables o incluso un medidor de HP recargable es el camino a seguir. En este caso, incluso podrías darle un poco más de elemento estratégico haciendo que los enemigos desaparezcan cuando te golpeen.

Las esferas de puntos deberían aparecer aleatoriamente en el mapa, y cada vez que aparezcan varias, debes agregar más enemigos a la pantalla. Esto hace que el juego sea mucho más divertido, ya que aumenta la tensión y las apuestas cuanto más puntos acumulas.

El potenciador será una mecánica que te permitirá matar a todos los enemigos en la pantalla actualmente o congelarlos durante un tiempo determinado.

Suena simple, ¿verdad? Una vez que hayas terminado con ese juego, quiero que lo pienses un poco. Considere cómo podría mejorarlo y qué podría hacer para hacerlo más divertido.

Hacia adelante

Si decide seguir adelante con Unity, necesitará mucho más que esto. Sin embargo, el material que ha aprendido hasta ahora proporciona una base excelente no solo en la construcción de su juego en sí, sino en el aspecto del diseño que se está volviendo cada vez más crucial en la era de los editores visuales.

Conclusión

¡Eso es todo! Hemos llegado al final del camino. Si siente que ha olvidado algo, si no la mayor parte, del material que ha aprendido aquí, está bien. Retener incluso un poco de información te convierte en un mejor programador de juegos de lo que eras ayer.

Vale la pena tener en cuenta que este libro siempre está ahí y que los consejos de diseño no están hechos para memorizarse; más bien, siempre debe estar listo para volver a ellos y leerlos nuevamente.

Desde que empezó este libro, se ha convertido en un programador de juegos de pleno derecho. Ahora bien, no estoy diciendo que mañana puedas irte y conseguir un trabajo en EA; sin embargo, tienes una base difícil de superar.

De ahora en adelante, puede llegar a una gran variedad de lugares y aprender muchas cosas nuevas.

Recapitulemos lo que ha aprendido aquí, ¿de acuerdo?

En mi opinión, lo más importante que ha aprendido es qué esperar del trabajo.

Hay demasiadas personas que he visto ingresar a la industria y luego irse debido al agotamiento después de descubrir que simplemente no están hechas para eso. Que simplemente no tienen la ética de trabajo, la inteligencia o la capacidad para mantener su interés y amor por un proyecto en el que acaban de pasar más de 100 horas en una semana trabajando.

Algunas personas también ingresan al campo, esperando que sea un desafío 24/7. Como cualquier otro trabajo, ser programador de juegos tiene sus partes aburridas. No me voy a sentar aquí y decirles que me regocijo cada vez que tengo que programar la marcha por tresmilésima vez. Dicho esto, el trabajo tiene sus ventajas, y por eso me encanta hacerlo.

También ha aprendido los entresijos del desarrollo AAA e independiente. Esta es una diferencia que muchos desarrolladores no aprenden hasta que es demasiado tarde en sus carreras para hacer el cambio. Afortunadamente, está en condiciones de tomar una decisión por sí mismo inmediatamente, en lugar de apostar por ella sin saberlo.

A continuación, repasamos Ruby. Si bien podríamos haber optado por un lenguaje más complejo, Ruby tiene la belleza de ser fácilmente legible y es probablemente el lenguaje de programación orientado a objetos más fácil de aprender. A pesar de no ser el lenguaje de desarrollo de juegos más popular.

Nuevamente, es posible que no use Ruby en el trabajo, pero si necesita aprender Java o C ++ para un trabajo ahora, encontrará que no es ningún desafío; después de todo, ya conoce los principios más importantes, solo bajo nombres más fáciles de recordar.

También aprendió a usar la biblioteca de juegos de Gosu para incorporar gráficos en sus juegos, así como a crear juegos multijugador simples como MUD.

Repasamos RPG Maker, uno de los mejores motores para que comprendas cuánto trabajo requiere exactamente crear un juego de rol por turnos. Cada NPC, cada comerciante, cada habilidad tiene trabajo que hacer.

Luego pasamos al diseño de juegos. Toda la programación del mundo no te ayudará a tener éxito si no entiendes cómo funcionan los juegos. En el mejor de los casos, quedará atrapado en una posición sin salida en una gran empresa. Saber cómo funcionan los juegos y cómo puedes hacerlos más divertidos es la forma más fácil de conseguir una promoción en el mundo de los desarrolladores de juegos.

Finalmente, aprendiste a desarrollar un juego simple con Unity, un motor de juego profesional. En este punto, puedes hacer tus propios proyectos serios.

La parte más importante que quiero que extraiga de este libro es la importancia de la experimentación. Experimentando con géneros, con principios, con prácticas de codificación, obtienes mucho más conocimiento del que obtendrías leyendo en una hoja de papel.

Ahora los dejo con una de mis citas favoritas de Leo Babauta:

> *"Estafa a los grandes y también a los bienes. Imita y hazlo tuyo. Intenta equivocarte ".*

* 9 7 9 8 5 9 8 2 4 6 0 2 3 *